中公新書 2484

加藤秀俊著

社 会 学

わたしと世間

中央公論新社刊

まえがき

「社会学」って、どういう学問なんですか？　という質問を若いころから、しばしばうけてきた。そのたびに、もっともらしい答えをしてきたが、なかなかむずかしい。いまでもこの問いをうけると困惑する。かなり勉強してきたつもりだが、それでもわからない。ひょっとするとこんな「学問」はないのかもしれない、と心細い気分になることもある。

しかし「社会学」という講座や学部はほうぼうの大学にある。とすれば、たぶん「社会学」はあるのだろう。そしてこの学問をこれから勉強しようとしている若い世代のひとびともすくなくないだろうし、大学で「社会学」を専攻したものの、いったいなにを学んだのか判然としていないひともいるだろう。なによりも、「社会学」や「社会学者」ということばをテレビや新聞でみかけるたびに、いったい「社会学」とはなにか、と疑問をもっておられるひとびともすくなくないようである。この本はそういう疑問にこたえるために、わたしなりにかんがえてきたことをまとめたものである。

かといって、この本を読めば「社会学」がわかる、というわけのものでもない。いま書いたように、これは「わたしなり」の「社会学」であって、世の万余の「社会学者」はそれぞれにべつの説をおもちであるにちがいないからだ。じっさい、「社会学の定義は社会学者の数とおなじだけある」という冗談がむかしからある。それほどにこの学問は融通無碍《ゆうずうむげ》というか、アイマイというか、とにかく得体が知れないものなのだ。

そんなしだいで、「社会学」を専攻しました、といっても就職先は千差万別。アメリカのある学者はそのホームページに「生涯賃金が最低で、もっとも無価値な学問は社会学である。あまりにも卒業生の数が多いから、求人もすくないし、雑多な就職先しかない。かれらの平均年収は三万二千ドル（三百五十万円ほど）である」（二〇一八年春現在）と書いている。その年収は「美術」「教育学」「神学」「栄養学」「心理学」などにくらべてずっと低い。

たしかに、そういわれてみればそうだ。「美術」専攻なら美術館やギャラリーに就職できるだろうし、実作者として活動する可能性もある。「教育学」なら学校へ、「神学」なら教会へ……みなそれぞれに実用的な「しごと」につながっている。それにひきかえ「社会学」にはこれといって特技がない。特定の「しごと」とのつながりもない。なにがなんだかわからない。

それでも大学の社会学部を志望する若者がかなりたくさんいる。なぜか。そのあたりのことがわたしにはよくわからない。たぶん、「社会学」でもやっておけば、どうにかなるだろう、という漠然とした幻想があるからだろう。あんまり「目的」をもってこの学問に憧憬《しょうけい》を抱くひとはいない、とわたしはおもっている。「社会学」は「でも学問」なのである。すくなくとも医学だの量子力学だののように、はっきりした目的や抱負をもって「社会学」をえらぶひとは絶無にちかいのである。

だがこの「無価値」な学問にもなにがしかの意味はあるにちがいない。すくなくとも、どこにいってもツブシがききそうな気がする。だいいち、かくいうわたしじしんが「社会学」を勉強して半世紀、ほうぼうの大学で「社会学」の講座を担当してきた。そこで気がついたあれこれのことがらを、そろそろまとめておきたい、とかんがえてこの書物を書くことにした。

ただし、これは巻末でしるしたようにわたしの「私社会学」である。ほかにもいろんな学説や研究がある。だから各章の末尾に「さらに読むといい本」という付記をつけて数冊ずつあげておいた。自己弁護的な「参考文献」ではなく、わたしがのべたことを手がかりにもっと勉強してみたい、という読者のための読書案内である。各章それぞれに自著をひとつあげたのは、わたしの思考の連続性を知っていただきたいからであり、また英文の書物を一冊ずつとりあげたのは、このくらいの本ならだれでも理解できるだろうし、そのぐらいの挑戦欲をもっていただきたかったからである。なかには邦訳のあるものもあるが、翻訳は玉石混淆《ぎょくせきこんこう》。やさしいことをわざわざむずかしく翻訳したものもあるし、誤訳、珍訳が目立つものもある。ぜひ「原典」に挑戦していただきたい。みんな平易なことばで書かれたものだから、高卒ていどの英語力があればちゃんとわかるはずである。そんな読書のなかから、おぼろげでいいから「社会学」の意味と価値を発見していただければ、これにすぎるよろこびはない。

社会学†目次

社会学　わたしと世間

第一章　「社会学」――現代の世間話

「世間」というもの

「社会」というふたつの漢字から成りたつことばを「シャエ」と発音して「ひとびとのあつまり」のこととしたのはふるくから仏典にあるようだが、いまわれわれがつかっているような意味でこれを「シャカイ」と発音する日本語の語彙《ごい》ができあがったのはそんなにふるいことではない。簡単にいうと、福地源一郎《ふくちげんいちろう》が英語のソサエティ（society）を翻訳したのがそのはじまりである。

福地は旧幕臣。長崎で蘭学《らんがく》を学び、のち江戸にでて英語を身につけ、文久元《ぶんきゅう》（一八六一）年、遣欧使節団に通訳として随行し、維新後は啓蒙《けいもう》家、ジャーナリストとして活躍した知識人。たいへんな勉強家で英語の本をたくさん読んで新時代の学問にも貢献した。その福地が西洋の書物を読んでいたらsocietyという単語が目についた。この原語をカタカナに置きかえてみても日本語にならない。そこでかれはこれを「社会」という日本語に翻訳した。正確にいうとこの訳語の初出は明治八（一八七五）年一月十四日の「東京日日新聞」（以下、「日日」）に書かれた論説で、「ソサイチー」のルビ付きで「社会」という語を使用したのがはじまりであった。

ただし、その部分を読んでみると、それはその前日に競争紙「日新真事誌《にっしんしんじし》」紙面で安宅《あたか》矯《たかし》が「日日」の論説を激しく批判したのに対する反批判であって、なるほど読んでみると安宅の議論は激越である。それは「日日」の筆者を罵倒《ばとう》してつきることがない。それを「日日」は「打過他的《ペルソナルアタック》」すなわち個人攻撃と断定しながら、安宅を「高上ナル社会ニ在ル君子タル者」はこんなことはいわないほうがいいという文脈で使われているものだったから、ここでいう「社会」とはおそらく知識階級、あるいは上流階級のことを意味しているのだろう。もっともその翌年に福澤諭吉《ふくざわゆきち》が創刊した『家庭叢談《そうだん》』という雑誌には「一国一社会ノ文明ノ進歩ハ、其《その》国其社会ノ人心ガ次第ニ変化改新シテ……」うんぬんといった用例があるから、こっちは現在でいう「社会」に似たものかもしれぬ。いずれにせよ、「社会」ということばはこの時代にうまれた新語であって、日本語として熟していなかった。

その後、このことばは「社会問題」「社会福祉」「社会主義」「上流社会」「下層社会」など、前後にいろんな漢字をくっつけて使用されているが、依然としてわかったようでわからない。すくなくとも「社会」とはなにか、ひとことでいえ、といわれても答えに窮《きゅう》する。率直にいって、われら二十一世紀を生きる日本人にとっても「社会」ということばはなかなかなじまない。

しかし、それならもともと日本に「社会」がなかったのか、といえばそうではない。こんな訳語がなくても、そのことばによって意味されるものはずっとむかしからあった。日本語ではそれを「世間」といっていた。いまでも「世間に知れる」とか「世間の笑いもの」というふうに日常の会話でもこのことばはつかわれているし、「渡る世間に鬼はなし」といったコトワザもある。

じっさい明治三十五（一九〇二）年に出版された内田魯庵《うちだろあん》の『社会百面相《せけんひやくめんそう》』はその本文のなかでも「社会」と書いてそれに「よのなか」とか「せけん」とか、ふりがながつけてある。福地が「社会」に「ソサイチー」とルビをふったのと逆である。魯庵は英語の秀才で書物の翻訳者、通訳としても活躍した「洋学者」。それなのにわざわざ「社会」という漢字に「せけん」とルビをつけたのは、「社会」という漢字の二文字が文語体の活字文化のなかで口語の「世間」を圧倒するようになっていたからであろう。だからみずから「世間」を論じながらもやむなく著書の題名の漢字「社会」に念押しのため「せけん」とルビをつけたにちがいない。「社会」という新語はなかなか日常用語としてなじまない。やっぱり「世間」のほうが落ち着く。「はなしことば」では「せけん」というのがふつうで、めったに「しゃかい」などとはいわない。いまでも「社会」という漢字は「文字ことば」の世界のものであって、日常会話のものではない。

昭和平成のこんにち、山本夏彦《やまもとなつひこ》さんなどもおなじ見解をおもちであった。いわく、

私はなるべく〝世間〟と言って〝社会〟とは言わない。……〝社会〟は明治以来用いられ出した言葉で、〝世間〟のほうが古い。世間知らず、世間ていい、世間見ず、世間並、世間話、世間晴れてと用いられるが、社会知らず、社会ていなどとは用いられない。用いられるには五百年かかるだろう。

その「世間」を研究対象にしてみよう、とかんがえ、かりにそれを「ソシオロジー」（**sociology**）と名づけたのはフランス革命で活躍したエマニュエル・シェイエス（**Emmanuel Joseph Sieyès**）という人物。一七八〇年にしるされた未刊の草稿にその記録がのこっている。語源学的にいうと、これはラテン語で「仲間」を意味する「ソシアス」（**socius**）にギリシャ語起源の「ロジー」、すなわち「学問」という接尾語をつなげたもの。ひらたくいえば「仲

問学」とでもいうべきものだろうが、これがいま日本語で通用している「社会学」という学問のはじまりなのである。

それにつづいておなじことばをつかったのが、教科書に「社会学の始祖」として紹介されているオーギュスト・コント（Auguste Comte）である。かれははじめこの世界を説明するために「社会物理学」ということばをつかっていたが、やがて社会的な諸問題を解決する方法として「実証主義」（Positivism）の立場を鮮明にした。中世的世界ではひとびとのいとなみは神様の意思によってつくられている、とされていたが、それはただしい解釈ではない。眼前の社会的事実をしっかりと現実的に認識するべきだ、というのである。かれがこの問題にふれたのはその著書『実証哲学講義』のさいごの部分。一八四二年のことで、べつだん「社会学」の教科書をのこしたわけではない。じじつ、コントが提唱したのは「社会学」という「学問」というよりはフランス革命の余波をうけたあたらしい「社会観」であり、また社会改革への提言というべきものであった。英語でもフランス語でもpositiveというのは「積極的」といった意味をもっているから、乱暴ないいかたをすれば、なんのかんのと屁理《へり》屈《くつ》をこねていないで、目の前の現実をちゃんとみなさい、論より証拠ですよ、という思想。

そんなふうに社会を対象化して実証的に考察しようというういうごきはヨーロッパ、とりわけフランスを中心にひろがり、やがてイギリスでハーバート・スペンサー（Herbert Spencer）

が全十巻の『総合哲学』という大著のなかに『社会学原理』(*Principles of Sociology*)という三巻本をいれたのが“**Sociology**”という用語のはじまり。一八七六年のことであった。ただしスペンサーというひとは雑誌『エコノミスト』の副編集長をつとめたあと、もっぱら在野の学者として著述にはげんだ人物で、べつだん大学で教えたりしたわけではない。

その「社会学」という用語が大学でさいしょに正規の学科目のなかに出現したのはアメリカのシカゴ大学。シカゴというアメリカ中西部の新興都市は一八七一年の大火によって壊滅状態。その再建の過程で見聞した都市問題を課題としてとりあげた学者たちがいた。その研究を援助しようと、一八九二年にロックフェラー財団が巨費を投じてシカゴ大学に「社会学部」を寄付することにしたのである。この新設学部の代表をつとめたのはアルビオン・スモール(**Albion Small**)。かれはその後三十年間にわたって学部長をつとめ、一八九五年には、これまた世界さいしょの学会誌『アメリカ社会学会誌』(*American Journal of Sociology*)を刊行した。じっさい、一九五三年に提出したわたしの学部卒業論文にもスモールの著作からの引用があるから、ついこのあいだのことといってよい。

いっぽう、ヨーロッパではややおくれてフランスの南西海岸にちかいボルドー大学でも「社会学」が誕生した。ここには哲学と教育学を担当していたアルフレッド・エスピナス(**Alfred Espinas**)という学者がいた。担当課目は哲学と教育学。スペンサーの影響下に動物社会に深い関心をもった人物である。エスピナスは一八九四年にソルボンヌ大学に転勤することになり、その後任者としてエミール・デュルケーム（Emile Durkheim）という人物を推《すい》薦《せん》した。デュルケームは哲学や宗教学を学んだ学者で、ボルドーに着任した翌年、つまりシカゴにおくれること三年、一八九五年に「社会学」という講座を開設した。これがヨーロッパの大学での「社会学」のはじまり、といってもさしつかえあるまい。ついでながら、ボルドーといえば即座にワインの産地を連想するし、じっさいこの大学は醸造学部が世界的に有名だ。その教授陣のなかにはシャトーの所有者もいる。いまも世界各地のソムリエやその候補者たちはこの大学で勉強している。いや大学じたいがボルドーのシャトー群のまんなかにある。とするとデュルケーム先生は毎日、メドックだのシャトー・ジュリアンだのと美酒を品評なさりながら、この学問の構想を練っておられたにちがいあるまい。

「世態学」と「社会学」

それからあとの「社会学」の展開については、たいていの入門書や教科書にえんえんと学説史の紹介がある。だからここではいっさいふれない。いや率直にいって、あの種の学説史を勉強してもあんまり役にたたないし、西洋の学者たちの名前をたくさんおぼえるのもたいへんである。

だが、ここでふれておかなければならないのはこの学問の日本への導入のイキサツである。この学問をまず紹介したのはのち文部大臣までつとめた外山正一《とやままさかず》。旗本の家に生まれた外山は青年時代から才気煥発。勝海舟《かつかいしゅう》に推挙されて幕臣としてイギリスに留学したあと明治四（一八七一）年から五年間アメリカに渡ってミシガン大学で哲学と科学を学び、帰国後は明治十（一八七七）年に東京大学が設置されると日本人としてさいしょの教授になった。そのころの東京大学の教授はことごとくお雇い外国人だったから、外山がいかに秀才であったかがわかる。

かれは滞米中にハーバート・スペンサーの著作にしたしみ、帰国後に大学で担当した「史学」のなかで「社会学ノ原理」という講義をおこなった。さきほどのべたように、スペンサーの『社会学原理』の出版が一八七六年のことだったから、弱冠二十九歳の外山がおこなったのは「講義」というよりは最新刊のスペンサーの著書の「講読」のようなものだったのだろう。ちょうど前後して福澤や福地が「社会」ということばをつかいはじめていたから、「ソシオロジー」を「社会学」と訳することにべつだん抵抗はなかった。じっさい明治十五（一八八二）年に外山が校閲し乗竹孝太郎《のりたけこうたろう》が翻訳した『社会学原理』の凡例《はんれい》には、

社会学ノ原理ハ英国学者ヘルベルト・スペンセル氏ノ著述ニシテ原名ヲ〝プリンシプルス・オ

フ・ソシヲロジー〃ト云フ

とあるから、このときには関係者のあいだで「社会学」ということばがすでに確立していた、とみるべきであろう。

ところで、外山はアメリカからスペンサーの著作だけではなく、エドワード・モース(Edward Morse)という動物学者も生物学担当のお雇い教授としてつれてきていた。あの大森貝塚の発見者として有名なモースである。そしてそのモースの友人のアーネスト・フェノロサ(Ernest Fenollosa)も、おなじく東京大学にむかえられることになった。

フェノロサといえば岡倉天心《おかくらてんしん》を育て、日本の芸術を世界に紹介した美術史家、批評家として知られ、日本の文化芸術政策にかかわった人物としても有名だが、もともとはハーバード大学で政治経済を学んだ学者で、明治十一(一八七八)年に来日して東京大学で政治学、理財学(経済学)などを教えた。門下生には岡倉をはじめ、井上哲次郎《いのうえてつじろう》、高田早苗《たかたさなえ》、坪内逍遥《つぼうちしょうよう》、清沢満之《きよざわまんし》などがいた。

フェノロサは同時に「ソシオロジー」も担当したが、この講義は日本語では「世態学」と訳されていた。「ソサエティ」を「世態」とも訳したのは福澤諭吉で『文明論之概略』に用例をみるが、それに「学」をつけたのは井上哲次郎で、加藤弘之《かとうひろゆき》もそれに同意していた。その同時代には「ソシオロジー」を「交際学」「人間学」などと訳した学者もいたらしい。このあたりのこまかい事情は宮永孝《みやながたかし》の綿密な考証にくわしいが、いずれにせよ、この時代の学問の分類はかなりおおざっぱで、あまり厳密ではなかった。大学での講座名も年々、かわっていったようである。

そんななか、「ソシオロジー」という新輸入の学問をフェノロサは「世態学」とし、外山は「社会学」として二者併存で開講していた時期があったのだ。この状況は明治十九（一八八六）年の「帝国大学令」の発効までつづき、このときになってはじめて「社会学」は晴れて独立の学科になった。ここでおどろくべきことは、スモールがシカゴ大学で、そしてボルドー大学でデュルケームが「社会学」を開講したのに先立つことほぼ十年、日本ではスペンサー直輸入の「社会学」が大学のなかで認知されていたという事実である。そのことにわれわれはあんまり気づいていないけれども、大学での「社会学」の開講に関するかぎり、日本は世界でもっとも先端的な国だったのである。

こんなふうにして「社会学」は大学のなかでその安定した地位を獲得できたのだが、さきほどのべたように、じつは「社会」というのは「世間」ということである。それならば本来「ソシオロジー」は「世間学」とでもしておいたほうがよかったし、わたしはフェノロサの「世態学」という講座名は「社会学」よりよかったとおもう。「世態学」ということばは「世の中のありさま」を研究する学問、といったほどのことだろうから、ずっとわかりやすいではないか。「社会」というからめんどうくさく、むずかしいことにきこえるが、「社会学」とよばれているものはしょせん「世間」についての学問ということであるにすぎない。「世間学」。そのほうがずっとスッキリとわかりやすい。わたしがこれまでみずからの著作のなかでしばしば「世間」ということばをつかってきたのは、ひとえに内田魯庵の「社会《せけん》」というルビに刺激され、共感を禁じえなかったからであった。

「世間話」の記録

「社会」というのは「世間」のことだ、と理解すればべつだん「社会学」などと名づけないでも、われわれはずいぶん以前から世間を学ぶことを知り、それを日常経験としてきた。その相互学習のことを「世間話」という。柳田國男《やなぎたくにお》ははやくからこのことに注目し、『世間話の研究』などいくつもの「ハナシ」についての考察をのこしたが、われわれの毎日の経験は世間話にみちている。

若いうちは音楽やゲーム、異性のはなし、職業生活にはいるとシロウト政治談義、あれやこれやの世相、流行、電車のなかでみかけた小事件。どんなことでも話題になって、だんだん会話が展開してゆく。あの店の蕎麦《そば》はおいしい、とだれかがいえば、それを糸口にして食談義がつづく。先週末にどこそこに旅行してきた、という人物がミヤゲばなしをすると、どうだった？　なにを見てきたの？　と質問がとんでくる。釣りやらマージャンやらの自慢話、失敗談。プロ野球の予想。会社の人事のウワサ。老人になると病気のはなし、お医者さまの比較。このごろは交通や情報の進歩で世界がせまくなったからアフリカの料理、南米の政局、はては宇宙探査にいたるまで話題は列挙していったらキリがない。他愛《たわい》ないといえば他愛ないが、そんな世間話がおたがいをつなげる潤滑油のような役割をはたしてくれているのである。

　じっさいかんがえてみると、われわれの「日常会話」というものの中身の九割以上は世間話なのではあるまいか。たしかに学校にゆけば神妙に授業をうけている。会社ではまじめにしごとをしている。しかし、休み時間になれば一斉にさわがしくなる。要するに「おしゃべり」である。「雑談」である。それをぜんぶひっくるめて「世間話」といい、あるいは「茶《ちゃ》飲話《のみばなし》」という。そしてこの「世間話」こそがさきほどからみてきた「社会学」の萌芽《ほうが》なのである。

　その世間話のあれこれに興味をもち、それをこまやかに記録する伝統にかけては日本は世界で突出していた。一般に「江戸随筆」とよばれている厖大《ぼうだい》な量の雑記録がそれである。たとえばここに『浮世のありさま』全十三巻という文書がある。これは文化《ぶんか》三（一八〇六）年から弘化《こうか》三（一八四六）年までの四十年間に著者が見聞したことがらの精密な記録。執筆者は不明だが、どうやら大坂の医師らしい。好奇心のかたまりのような人物で、文政《ぶんせい》期（一八一八〜三〇）から幕末にかけての日本各地での一揆《いっき》だの御家騒動、ロシアの進出や西欧諸国の動向、といった内政外交問題から風俗、流行、そして市井《しせい》のうわさ話からスキャンダルにいたるまで、書きも書いたり数百万語。本人はほとんど大坂から一歩もそとにでなかったらしいが、全国各地の知友と文通して、なんでも書いた。書名がしめすように、これは世間話の集大成といってよい。

これとおなじような厖大な世間話集は数えきれないほどたくさんある。たとえば松浦静山《まつらせいざん》の『甲子夜話《かっしやわ》』。平戸《ひらど》藩主松浦清《きよし》は、はやくに隠居して静山と号し、根岸《ねぎし》に邸宅を構えて、耳目に達するあれこれの話を書きつづけた。その序にいわく、

書のさまは随筆の体にして、世の人の嘉言善行、いにしへ今にありと有りつる事どもの、物にはいまだ記さざる類《たぐ》ひ、あるは何となく人の物語り聞えまゐらせたると、御みづから見もし履《ふみ》もし考へ給へるをさへとり交へものし給へる也

とあるように話題は歴史、政治、外交の動向はもとより、芝居、相撲《すもう》、街の事件、とにか

くなんでも文字にしてのこした。その量二百七十八巻におよぶ。新聞でいえば一面の硬派の論説から社会面の些事《さじ》にいたるまで、あらゆる世間話を書きのこした。

　おなじような随筆としては大田南畝《おおたなんぽ》の『一話一言』、喜多村信節《きたむらのぶよ》の『嬉遊笑覧《きゆうしょうらん》』などなど、枚挙にいとまがない。なにしろこの種の世間話をあつめた七十巻をこえる活字本の『日本随筆大成』の背表紙をながめるだけでため息がでるほど。しかもその著者は江戸、京坂のような大都市だけではなく全国どこにでもいた。越後には鈴木牧之《すずきぼくし》がいたし、秋田には人見蕉雨《ひとみしょうう》、そして福岡には貝原益軒《かいばらえきけん》がいた。これらのひとびとは天下国家の大事件から庶民の衣食住にいたるまで、同時代の世間話を文字にしてのこしてくれているのである。十八世紀なかばから、こんなにおびただしい量の世間話を文字記録としてのこしている国は世界ひろしといえども日本だけではないか、とわたしはおもっている。

　それにくわえて、日本ははやくから国内交通がゆきとどいていたから、世間話の運搬者もたくさんいた。古くは「遊行女婦《ゆうこうじょふ》」という名で知られる遊女や宗教的布教者たち。そしてのちには行商人など。こうした旅人たちは諸国で見聞した新知識を全国的に拡散する役割をになった。

　さらに日本各地には、なんとなく故郷をはなれてほうぼうを遍歴し、職業を転々としたひとびとがいた。そういう数奇な人生をおくった人物のことを「世間師《せけんし》」という。その世間師群像を紹介した宮本常一《みやもとつねいち》によれば、たとえば増田伊太郎という周防大島《すおうおおしま》の百姓は十四歳のとき人夫として長州藩《ちょうしゅう》に出稼ぎにでたら、いつのまにか兵士に徴用されて奇兵隊の一員になったり、それが縁で西南戦争に参加したり、戦乱がおわってからはひょんなことから四国の山中で木樵《きこり》をやってからこんどは大工の修業をして東京から名古屋ではたらいた。その後、おもしろそうだとおもったから台湾や朝鮮で大工しごとをつづけ、大阪や福岡に居所を転々としながら暮らしたが日露戦争で長男をうしなったのを契機に故郷に帰った。晩年は隠居所にこもってタバコをふかしながら、たずねてくる人があればその経験してきた「世間」について話しつづけていたという。

現代にもおどろくべき「世間師」がいた。たとえば小沢昭一《おざわしょういち》が採集した落語家二代目桂《かつら》枝太郎《えだたろう》の生涯。明治二十八（一八九五）年生まれの枝太郎は青山学院から明治薬専（現在の明治薬科大学）にはいり、工業薬品の会社を経営しようとするが、横浜のインド人の店ではたらき、人妻と駆け落ちしようとしたら電車のなかで知り合いの落語家に会って弟子入りしたものの、満足がゆかず、薬科学校の学歴を活用して、無資格で町医者の代診。そのあとこんどは東芝に経理見習いで入社。関東大震災のとき、焼け跡の会社の金庫のうえで弁当を食べていたら、その姿が社長の目にとまり、その忠誠心をみとめられて、すぐに四日市《よっかいち》の工場長。やがて本社の経理部長にまで出世するが、また落語家に戻って浅草演芸ホールを設立した。そのかたわら航空学校の一期生として操縦を学んで航空評論をしたり、あるいは川柳協会の理事をつとめたり、人生まことにめまぐるしく、その物語を読んでいるだけで目がまわる。

いまでも「話題の豊富なひと」というのは現代版の「世間師」なのかもしれない。昼休みだの飲み会だの、おたがいいろんな世間話に興じているとき、めずらしい話題を提供してくれたり、相づちを打ったり、あらゆる話題にたのしくつきあってくれる「物知り」がいる。あんまり知ったかぶりをして、ひとりよがりのウンチクをかたむけたりすると毛嫌いされるが、おおむね好感をもって歓迎されたりタヨリにされたりする。落語でいえば横町の隠居のようなひと。それが「世間師」であり市井の「社会学者」なのだ。

世俗の学

「世間話」というのはそのことばからも自明なように、あくまでも世俗のオハナシである。なにかおもしろいことないか？　とおたがいに問い、かつ答え、たのしむものである。虚実とりまぜ、というよりも日本語での「ハナシ」というのは多分に誇張やウソをふくむものだった。ハナシ半分ウソ半分などともいう。へえ、おもしろいね、はじめてきいた——そういって時間をつぶし、かついささかの新知識を身につけるといったていどの効用しかない。

「社会学」という学問はその「世間話」の延長線上にあるといってよい。いや、いささか乱暴ないいかたをすれば、「社会学」とは現代の「世間話」そのものなのである。

ということは、とりもなおさず「社会学」が「世俗の学問」であるということを意味する。かつて英語の folklore ということばを日本語に翻訳するにあたってそれが「土俗学」を経由して結局「民俗学」に落ち着いたという事実なども連想される。いずれにせよ「社会学」は「世俗学」なのである。

とはいうものの、いいかげんな「世間話」では片付かないようなあたらしい状況がうまれてきた。「世間」があわただしく変動しはじめたからである。だれの目からみても、世の中がかわってきたのである。

歴史人口学によれば西欧でも日本でも十八世紀なかばから人口の上昇カーブが急激に右肩上がりになり、それに呼応して世間はおおきく変動し、まるで攪拌機《かくはんき》のように回転するようになった。どんどん世の中がかわりはじめたのである。その結果、それまで一顧もされなかった庶民の「世俗」が市民権を獲得して歴史の正面に躍り出てきた。

そのことはこの時期に先立って天和《てんな》二（一六八二）年に書かれた西鶴《さいかく》の『好色一代男』の主人公、世之介《よのすけ》を思いだしてみたらいい。かれは親の遺産で「好色丸」を仕立て、女護《にょご》が島をめざして旅だってゆく。まことに自由奔放《じゆうほんぽう》。「浮世草子」と名づけられるその後の江戸時代の大衆文芸の繁昌《はんじょう》ぶりはいうまでもない。こんなにのびやかに町人のすがたをえがいた文学はそれまでの世界にはなかった。

西鶴におくれること四十年。イギリスではスウィフトが『ガリバー旅行記』を書いた。こちらのほうも荒唐無稽《こうとうむけい》な別世界にむかっての冒険記。それにつづいてリチャードソンの『パミラ』、ルソーの『新エロイーズ』などが出現して「近代文学」がはじまる。ゾラやディッケンズの作品はあえて下層社会をその題材として世俗の世界の悲喜劇をえがいた。

芸術の世界では「浮世絵」が登場した。文字通り、これは「浮世」のありさまを描いた写実の絵画で、それまで土佐《とさ》派、狩野《かのう》派といった格式ばった絵画手法に緊縛されていた絵画は、突如として菱川師宣《ひしかわもろのぶ》をはじめとする浮世絵師が庶民絵画の世界をつくりあげ、その自由で妖艶《ようえん》な手法は西洋の画家たちをおどろかせた。それまで宮廷画家の描く聖画だの貴族の肖像画だのを絶対視していた西洋の芸術家にとって浮世絵の大胆な画風は衝撃だった。後期印象派の画家たちのなかで浮世絵の影響をうけなかった画家はひとりもいなかった。中世的世界から「世俗」への脱皮にかけては、日本は世界の最先端をあゆんできたのではないか、とわたしはおもっている。

こんなふうに芸術の世界でも世俗化が進行し、学問もまた世俗のものになった。さきほどわたしは世界の大学のなかではじめて「社会学部」が開設されたのがシカゴ大学であったこと、そしてその理由のひとつにシカゴの大火があったことをしるしたが、それだけではない。アメリカ合衆国の東海岸部が主としてイギリス、オランダなどからの移民によって建設されたのとならんで、西部にむかう開拓者たちのなかにはドイツや東欧、北欧からの移民がおおく、それらの民族集団はそれぞれの文化を新天地のなかに同化させようとしながら、このミシガン湖畔《こはん》の都市を産業と交通の中心地として発展させていた。

なにしろ短時間で原野に鉄道が開通し、鉄工場がつくられ、人口が急激に増加したのだから、そこにはさまざまな社会問題がうまれる。日々あらたな変化のおかげで世間話のタネはつきなかったが、犯罪だの貧困だのが現実のことがらとして目の前に出現した。いったい、なぜそうなったのか、どうしたらいいのか。これは切実な問題である。そんな事情を背景にして「世間話」は「社会学」という学問になり、知的探究の対象になった。スモールの同僚ウィリアム・タマス（William Thomas）とポーランドの学者フロリアン・ズナニエッキ（Florian Znaniecki）の共著として一九一八年に書かれた実証研究『ヨーロッパとアメリカのポーランド農民』はシカゴを中心とした地域にポーランド移民が定住しはじめた過程をえがいたものだったが、これはシカゴという地元での世間話の総合的研究だったといってよい。

シカゴ大学ではじまった「社会学」はその後、俗に「シカゴ学派」とよばれる研究者を続々と生みだすことになったが、かれらの特徴は徹底した実証主義にあった。とりわけ都市をめぐる新世相を現地に密着してえがく手法はスラムだの暴力団だの、社会の底辺や周辺部で生きるひとびとのすがたをとらえてあますところがなかった。「シカゴ学派」によって代表されるようなあたらしい学問はコントが主張したように現実の学、世俗の学として過去一世紀以上展開してきたのである。

日本の大学での「社会学」は、さきほどみたように外山正一のスペンサーの訳読からはじまったのがその伝統になってしまったおかげで、もっぱら最新流行の西洋の書物の翻訳と解説に終始する「訓詁《くんこ》の学」になりがちで、その奇妙な習癖はいまもつづいているが、在野の学者のなかにはすばらしい人物がたくさんいた。たとえば横山源之助《よこやまげんのすけ》。明治四（一八七一）年、富山に生まれた横山は苦学力行、挫折《ざせつ》をくりかえしながら「毎日新聞」記者となり、その綿密な取材をつうじて東京の職人、労働者、さらに農村部の小作人などの生活状況を記録した『日本の下層社会』を明治三十二（一八九九）年に出版した。この書物はこうした「下層社会」のひとびとの衣食住から労働条件、さらにそれぞれの職業内容にいたるまでこまやかに調査した日本の社会学の古典といってよい。アメリカやフランスで「社会学」が大学の講座として開設されたのとほぼ同時期のことであった。

これよりさき、まだ「社会学」というものが輸入されるまえに、二本松藩《にほんまつ》の儒官の長男として生まれた服部撫松《はっとりぶしょう》（誠一《せいいち》）は『東京新繁昌記』という書物を書いた。明治七（一八七四）年のことである。この「繁昌記」はかつて天保《てんぽう》年間（一八三〇〜四四）に寺門静軒《てらかどせいけん》が著した『江戸繁昌記』にヒントをえて執筆されたもので、当時としては画期的な二万部というベストセラーになった。いまこれをみるとその内容は牛肉店、新鉄道、博覧会、女学校、など合計四十項目ほどをとりあげたもので、時事批判をまじえたみごとな都市社会学になっている。

このほかにも宮武外骨《みやたけがいこつ》だの南方熊楠《みなかたくまぐす》だの慶応《けいおう》年間（一八六五〜六八）に生まれた学者、批評家がたくさんいた。なにしろまえにもみたように、日本は世間話を文字にして記録することにかけては世界の最先進国だったのだから、「社会学」というカンムリはなくても、実質的にシカゴ学派がつくりあげたような実証社会学の精神はみごとに芽生えていたのであった。

文芸としての「社会学」

いま紹介したシカゴ学派のひとり、ネルス・アンダーソン（Nels Anderson）の『ホーボー』（*Hobo*、一九二三年）はわたしの愛読書のひとつで、学生時代からなんべんも読んだ。「ホーボー」というのは住所不定、あちこち放浪の旅をつづける浮浪者のこと。よく西部劇で貨車にタダ乗りして行方《ゆくえ》さだめぬ生活をおくるひとびとが登場するが、あれが「ホーボー」である。もちろんこんなことば、アメリカ製の俗語である。執筆当時大学院生だったアンダーソンはその「ホーボー」の暮らしをシカゴ市内からその周辺まで徹底的にしらべ、かれらのはなしをきいてこの書物をかいた。

この書物がなぜわたしをとらえてはなさないのか。ひとことでいえば単純に「おもしろいから」である。登場するのは具体的なホームレスばかり。人種・民族もさまざま、暮らしぶりも多彩だが、工場、農場、建設現場、どこであろうと単純肉体労働のチャンスがあれば自由に移動してゆく。職にアブれたときには一日五十セントで食べてゆく技術ももっているし、冬には焚《た》き火をかこんで野宿する集団生活をすることもある。鉄道の無賃乗車で移動するのだから荷物もじょうずにまとめてある。そうした人物群像をそれぞれの身の上話をふくめて紹介してくれるのだから、小説を読んでいるよりもおもしろい。

おもしろいだけではない。そのおもしろい世間話をつうじてシカゴのマジソン街を中心に出没する三万人の「ホーボー」についていろんなことを学ぶことができる。そして大都市というものがどんなふうに編成され、どのような問題を生み、それにどんな対処がおこなわれているかがしっかりと頭にはいる。

おなじような「おもしろさ」は『東京新繁昌記』や『日本の下層社会』にもあるし、これまでわたしがしたしんできた名著、たとえばオスカー・ルイス（Oscar Lewis）の『サンチェスの子供たち』（*The Children of Sanchez*　一九六一年）、エーレンライヒの『ニッケルとダイム』（章末参照）にもある。とにかくおもしろいのである。

これらの書物が「おもしろい」のは、書かれていることのすべてが生々しい「実話」であるからだ。『サンチェス』は著者のルイスがメキシコの貧しい一家にほとんど住み込んで家族それぞれがもつ相互認識を手にとるように記録しているからであり、エーレンライヒのおもしろさは彼女じしんがスーパーのレジに立ったり、百貨店の婦人服売り場でお客が試着した服を一日八十回もたたみ直したりした経験を克明にえがき、またそれら底辺ではたらく女性たちとの会話まであざやかにしるしているからである。すべては著者の直接経験によるもの。虚飾もないし誇張もない。ただ、かれらが見聞したことを淡々と、しかもだれもがわかるような平易な文章にしたものなのである。

これは、はっきりいって「文学作品」である。文芸批評家のライオネル・トリリングはリースマンの『孤独な群衆』を「社会学の名をかりた文学である」と評した。この批評を読んで、わたしはなるほど、と感銘をうけた。われわれにとって「社会学」は「文学」の一分野なのである。すくなくとも「文学性」をふくんでいるのである。いや、ふくんでいなければならないのである。

およそ「学問」というものを「科学」（science）と「人文学」（humanities）というふたつの種類にわけるとするなら、「社会学」は後者に属する。「社会学」は「科学」ではない。もっと極端なことをいえば、「社会科学」というものも実在しないのである。「社会科学」というのは物理学をはじめとする近代科学があまりにも華々しい成果をあげたのをみて、それをモデルにして考案した「疑似科学」なのである。

「科学」と「人文学」はどこでどうちがうのか。ひとことでいえば、「科学」が反復実験をくりかえして法則を定立することができるのに対して「人文学」が対象とするのは一回ぽっきり、二度と再現することがない事象であるということだ。「社会科学」といわれているものには法則だの公理だのといったものはないのである。

陳腐な事例だが、たとえば万有引力の法則というものがある。どんなものでも、質量があればかならず上から下に落ちる。リンゴも落ちるし、羽根一枚だって落ちる。だれがやっても落ちる。ニューギニアでも落ちるし東京でも落ちる。聖徳太子《しょうとくたいし》の時代にも、ナポレオンの時代にも落ちた。こんなふうに、どこでだれがやっても落ちるのだから、これは「法則」であり「原理」である。科学というものの基本は「操作主義的」に定義できるのである。

しかし人文学にはそういう原理がない。観察され、記録される事象は一回性をその特徴とし、おなじことは二度とくりかえさない。「歴史はくりかえす」ということばがあるが、あれはことばのアヤというもので、人間のすることはすべて一回だけなのである。おたがいケンカすることもあり、仲直りすることはあるけれど、その原因だの結末だのはそのたびにちがう。ここではなにごとも操作主義的に処理できないのである。

それればかりではない。その一回ぽっきりのできごとは、それを観察し記録した特定の人間の耳目の認識によってことなる。極端ないいかたをすれば、「人文学」というのはおおかれすくなかれ「主観的」な性質の学問であって、「科学」のような「客観性」とはあんまり関係がないのである。たとえば、『サンチェス』にしても、あれは著者ルイスが黒沢明《くろさわあきら》の映画にヒントをえて「ラショウモン的方法」でとらえた面接記録を再編成したものであって、ルイス以外の観察者がおなじ対象をえがいたなら、その記述や結果はずいぶんちがったものでありえたはずである。いっしょに修学旅行を経験した中学生が書く作文が千差万別であるのとおなじである。そして中学生の作文にじょうず下手があるのとおなじく「社会学者」たちが発表する研究成果にも、手ぎわよくまとめられ、読者にたいして説得的なものがあるいっぽう、本人にもわからないような晦渋《かいじゅう》で作文技術のイロハもできていないような不細工な作品もある。どちらがよいか。答えは自明であろう。「社会学」には文学性がもとめられているのである。

じっさい、わたしがはじめて柳田國男という人名をおぼえたのは『近代日本文学全集』に収録されていた「雪国の春」であった。つまり、わたしにとっての柳田はなによりもまず現代日本の「文学者」であり、やがて長ずるにおよんで「民俗学者」としての柳田を知ったのである。その青年時代を田山花袋《たやまかたい》や島崎藤村《しまざきとうそん》などとともに文学を語りながらすごしたのだから柳田が達意の文章の「作家」であったことにふしぎはない。横山源之助は二葉亭四迷《ふたばていしめい》の影響をうけるとともに樋口一葉《ひぐちいちよう》とも親交のふかい人物だった。かれもまた文学の徒であったのだ。折口信夫《おりくちしのぶ》にいたっては『口訳万葉集』二巻をふくむ全三十巻余におよぶ全集をのこしているではないか。

外国の社会学者についてもおなじ。マクルーハン（Marshall McLuhan）は英文学の教授だったし、コミュニケーション学者として有名なシュラム（Wilber Schramm）はアイオワ大学で文学、とりわけ創作を教えて、みずからもいい短編小説をたくさん書いていた。アンダーソンのような古典からエーレンライヒのような同時代にいたるまで、「作家」の発表した書物は「文学」なのである。さいしょの数ページでひとをひきよせるだけの文章力があってはじめて「社会学者」は偉大なのである。大学教授などという肩書きはべつだん必要ではない。なにしろ「社会学」が世間話の延長線上にあるものである以上、「社会学者」はすぐれた語り手（story teller）であることをもとめられているのである。

【さらに読むといい本】

宮本常一『忘れられた日本人』岩波文庫他

宮本先生は全国の村をあるいてごくふつうのひとびとのはなしに耳をかたむけ、それを記録なさったかたである。この書物には有名な「土佐源氏」もふくまれている。およそ「世間」というものがどんなものであるかを知るための「日本社会学」の古典的名著である。手元につねに一冊置いてほしい。

宮永孝『社会学伝来考』角川学芸出版・二〇一一

日本に社会学という学問がどんなふうに輸入され、展開したかを文献学的にとりまとめたもの。主要な書物一千冊以上を網羅《もうら》したデータベースである。

今和次郎《こんわじろう》『考現学』今和次郎集第一巻・ドメス出版・一九七一

「考古学」があるなら現代の風俗習慣を記録する「考現学」があってもいいではないか、という立場から主として日本の都市生活を実証的に調査した名著。じっさいに街頭に立ってひとびとの行動を観察する習慣をこの本から学んでほしい。

Barbara Ehrenreich: *Nickel and Dimed*. Henry Holt and Co. 2001.

英語の本だから、といって尻込みするにはおよばない。エーレンライヒはもともと化学者として博士号を取得しながら医療、健康分野で職業生活をおくったあと、現代アメリカの社会問題を対象にして著作にはげんできた異色の学者。これは彼女の下層社会での体験をそのままましるした名著。文章はやさしいから、このあたりから外国の本を気楽に読む習慣をつけるのがいい。

『加藤秀俊社会学選集』（上・下）人文書院・二〇一六

むかし（一九八〇～八一年）に『加藤秀俊著作集』全十二巻（中央公論社）を出版した

あとに書いた論文をあつめたもの。この二冊のなかにわたしが「社会学」だとおもっている範囲がおよそふくまれている。

第二章　集　団——つながる縁

「世間」と「人間」

現代日本語には「社会人」という語彙がある。新年度、つまり四月一日になると新聞、テレビ総動員で各企業の新入社員の入社式のことを報道し、あたらしいスーツとネクタイ姿の若者がその抱負をのべたりする。そんなふうに就職した青年たちのことをなぜか「社会人」になったというのである。たぶん、人生のその段階から「ヒト」は「一人前」としてみとめられる、ということなのであろう。

だが、そんな区切りをつけなくても、「ヒト」は生まれたときから「社会人」なのである。世間に仲間入りしているのである。生まれたばかりの赤ちゃんにとって、はじめて経験する「世間」すなわち「社会」は母親の声であり、肌の触覚であろう。そして、間もなく、こんどは父親だの親族だの、あるいは近隣のひとびとだのの感触。「人間」はそこからだんだんと「世間」に接してゆくのである。

「人間」という二文字を「ジンカン」と読む用例は八世紀の『続日本紀《しょくにほんぎ》』に「禅師即誓、永絶人間、侍於山陵、転読大乗、奉資冥路」とあって、これは「世間」とほぼ同義。これを「ヒト」という意味で使用した事例は『今昔《こんじゃく》物語集』に「天人《てんにん》は目不瞬《まじろ》かず、人間《にんげん》は目瞬《まじろ》く」とあるのが初出らしい。十二世紀のことである。つまり語誌からいうと「世間」と「人間」はおなじことなのだ。「人」と「人」との「間」に生まれてくるのだもの、人間はもともと世間に所属しているのである。

いまわたしは「人」と「人」とのあいだ、といったが具象的な意味でも「人間」は「人の間」の産物だ。ひとりの「人間」が生まれるのは両親、すなわち夫婦あってのことである。いうまでもなく人類という生物の「種」は、男と女の配偶関係によってつづいてきた。「ヒト」はすべて親の子である。両親あっての「ヒト」なのである。おおくのばあい、婚姻届《こんいんとどけ》のある夫婦が両親だが、さまざまな理由で「夫婦」以外の男女のあいだに生まれたこどももいる。

むかし「家族」は「男女とそのあいだに生まれたこどもから成る集団」と定義された。しかしこれではいろんな例外が発生してきたから、このごろでは「家族」の定義はアイマイで不可能にちかいものになっている。だが親のいない人間は存在しない。親子きょうだいという「血縁」という名の集団こそが、ひとりの「ヒト」が経験するさいしょの世間なのである。そんなふうに「社会人」として生まれたこどもは、すこしずつ世間をひろくしてゆく。ベビーカーにのせられてそとにでれば知らないひとが目にはいる。ときには声をかけてくれたりする。バスや電車のなかでは何十人、何百人もの人間がいることを知覚する。保育所だの幼稚園だのではじめて「ともだち」ができる。いっしょに遊ぶがケンカもする。ときには「いじめ」を経験したりもする。

そのあと、小学校、中学校と学校生活のなかで、いよいよ「世間」はひろがってゆく。苦労もする。そして、人間十二、三歳にもなると、すこしずつ「親ばなれ」がはじまる。京都では「十三詣《まい》り」といって男女とも十三歳になったら虚空蔵菩薩《こくうぞうぼさつ》にお詣りにゆく。ここから「ヒト」は独立するのである、そして親もとの外側にある世間にすこしずつはいってゆく。イメージでいうと、ひとりの豆粒のような人間をとりまいている家族あるいは血縁集団というちいさな円が、その外側にむかって大きな同心円にふくらんでゆく。それが「世間」なのだ、といってもよい。そこから人生という名の旅がはじまるのである。

普通教育が普及するまえの村落で、家族からはなれた少年たちがまず経験するのは「若者組」という同年配のこどもたちの集団であった。「年齢階梯《かいてい》集団」である。地方や時代によって、その運営方法はちがうが、村の少年たちは「若者組」にはいる。ときに「若者宿」という合宿所のようなところで起居をともにすることもあった。女の子にはべつに「娘宿」があったりする。この同年輩の仲間のなかで先輩は後輩にさまざまなことを教え、その経験によってすこしずつ世間への目をひらかされたのである。

やがて教育制度がととのってくると、若者組のかわりに、同年輩のこどもたちはおもに学校をつうじて「仲間」をつくるようになった。学校での同級生も仲間だし、公園でサッカーをする仲間もある。おおむねほがらかで、たのしそうだが、初期反抗期の少年少女だから、しばしばこういう仲間はあれこれイタズラをしたり、ときにはよからぬこともする。ケンカや暴力沙汰《ざた》もある。「世間の風」はときとして冷たいのである。

こういう都市の青少年のグループのことをアメリカ英語では「ギャング」という。ウィリアム・ホワイト（William Whyte）の『街かどの仲間たち』（*Street corner society*、一九四三年）という本はアメリカの大都市でのイタリア系青少年のギャング集団のみごとな研究だった。いや、映画『ゴッド・ファーザー』のはじまりの部分で貧民街の少年たちがどんなふうに育っていたかをみるだけでもその事情はわかるだろう。

十二歳というのは労働力として役に立つ年齢でもあったから、むかしは都市にでて商家などで丁稚奉公《でっちぼうこう》をする男の子もおおかった。女の子は女中奉公。こうした若年の「出稼ぎ」は十八世紀なかばから顕著になってきた。番頭、手代といった親代わり、きょうだい代わりの先輩や上役がたくさんいて、いろんなことを教えてくれた。もちろん親切に教えられるだけではない。イジめられたり、意地悪されたり、ダマされたり。そんな「世間の風」によって人間は成長したのである。そんなふうに世間で揉《も》まれてだんだん一人前になってゆくことを「社会化」(socialization)という。

世間にでて、さまざまな経験をかさねてひとりの人間が成長し、成熟してゆく過程を題材にした文学作品の代表としてあげられるのはゲーテの『ヴィルヘルム・マイスターの修業時代』であろう。このジャンルの作品はドイツ語で「ビルドゥングスロマーン」(Bildungsroman)、日本では「成長小説」と名づけられた。徳冨蘆花《とくとみろか》の『思い出の記』などはその古典的作品だ。ひとは乳幼児期から青年時代へ、とだんだん「社会化」をとげてゆくのである。

いまの日本では中学までが義務教育になったから、最低十五歳までは親もとで生活するのがふつうだ。そのあとも学校生活がつづくから、むかしにくらべればきびしい「世間の風」にあたるのは、ずいぶんおそくなった。とすれば定職につき、定時に勤務先に出勤して生身の上司、先輩、同僚とのかかわりのなかで訓練してはじめて新人社員は一人前になるのも当然である。そんな理由から、新卒の若者をあらためて「社会人」とよぶようになったのにはじゅうぶんな理由と意味があるのかもしれない。

「縁」と「相性」

さきほどわたしは親子きょうだいがつくる「家族」という集団が人間にとっての原初的な世間だ、とのべ、それを「血縁」によるもの、と書いたが、それはただしくない。なぜならひとりの人間を生む男女のあいだには「血縁」関係がないからである。「夫婦は他人」なのである。その夫婦、あるいはひと組の男女がめぐりあったのはまったくの偶然にほかならない。親子関係は必然だが、夫婦関係は偶然なのである。極端にいえばもののハズミなのである。偶然が必然を生み、その必然がつぎの偶然を生む。そんなふうにして人類史は、そして生物世界はつづいてきた。

その偶然を必然化させている原理は「縁《えん》」というものであろう。縁あって特定の男女がむすばれる。「縁談」をつうじての婚姻関係などは実質的にすくなくなっているようだが、それでも出雲《いずも》大社をはじめ「縁結び」の神様はほうぼうにいらっしゃる。

この「縁」というかんがえかたは、おそらく日本社会学の基礎概念のひとつであろう、とわたしはかねがねおもってきた。じじつ、外国あちこちの大学で教えていたころ、わたしは黒板に“En”と大書してこのことばを学生たちに記憶させた。「縁」というものがわからなければ日本はわからないよ、といって、わたしはその観念を「偶然に発生する宿命的な〝出逢《であ》い〟の背景にある神秘的な力」と定義し、その事例をいくつかあげて、それが古代南インドの伝説を語源とする英語の「セレンディピティ」（serendipity）にちかいものかもしれない、と説明すると、学生たちは、それならわかります、こうしておなじ教室にいるのも**En**なんですね！　と、即座に理解した。あの時代、わたしのクラスにいた累計数百人の学生はベネディクト（Ruth Benedict）が『菊と刀』のなかで紹介した**Giri**（義理）や**On**（恩）とならんで**En**という日本社会学の基礎用語の意味をおぼえてくれたはずである。

「縁」というのはもともとは仏教用語である。仏教の観念体系はややこしくて理解を絶することがしばしばだが、仏教関係の書物を読むと「縁」というのは「ある結果（果）を導き出す直接的な原因（因）に対して、それを外部から助長させる間接的な原因。因と果とを結び付ける外部的な作用。因縁」のことだ、と定義されている。たとえば、あなたに配偶者がいる（果）のは年頃の異性がいたから（因）である。しかし、数ある異性のなかで、特定のひとりとりわけしたしくなって結婚したのは「縁」である。

その男女の「縁」があるからこそ、その間のめんどうな人情の機微をめぐって神話や文学がうまれた。古くはアダムとイヴ、イザナギとイザナミ。すべて男女の求めあいを主題にした物語であった。文学作品を思いつくままに硬軟とりまぜ列挙しても『ロミオとジュリエット』『曾根崎心中《そねざきしんじゅう》』『赤と黒』『金色夜叉《こんじきやしゃ》』『嵐が丘』などおびただしい文学作品はことごとく男女求愛、悲恋のおはなしではないか。男女の「縁」こそがすべての「縁」の出発点なのである。落語の「厩火事《うまやかじ》」のマクラには「これは縁というよりほかに解決のしょうがないなというのが、やっぱり夫婦の縁でしょう。あれはほかに、しょうがない。縁ですね、あれは」とある。

だが、「縁」がこれら文学作品のようにロマンチックなものになりうる理由は特定の男女が仲良くなることの根源に「好ききらい」という単純な原理がはたらいているからだ。神様のお引き合わせだ、などというのはあとになってからの理屈で、じっさいにはおたがい数ある候補者のなかから好きな相手を「好ききらい」でえらんでいるのである。「お見合い」婚で、候補者を写真だの身元だので知っても、気に入らなければ慇懃《いんぎん》にお断りする自由はある。そしておたがい憎からずおもう相手と交際して、それなら、というのでいっしょになる。「縁」というのは、そういう「好ききらい」原理での選別がおこなわれたあとで事態を合理化するためのものであることが多いのだ。そして、あれだけ好いて好かれていっしょになったはずの配偶者も「性格の不一致」ということばでサラリと離婚してしまったりもする。

あなたがいま、ある学校の学生・生徒であったり、ある会社の社員であるというのも、かなりのていどまで「好ききらい」の結果である。なにかの「縁」でこの学校、あるいは会社にいるというのはたしかだが、そもそもこの学校の入試、あるいは会社の入社試験を受けようという興味と意思があなたにあり、学校や会社がわにも、この人物を入学させよう、採用しよう、という選択があったからだ。むずかしくいえば、わたしたちは「選択的行動」によって世間とつきあい、それと「縁」という観念とを同調させているだけなのかもしれないのである。

じっさい「好ききらい」原理は人間関係のうえで重要なはたらきをする。俗に「ウマが合う」とか「ソリが合わない」とかいった語法があるが、いろんなひとととのつきあいのなかで、たのしくいっしょにしごとのできるひと、逆にできるだけ避けたいひと、さまざまであることが経験的にわかってくる。「相性」のよしあしが人間関係を決定するのである。

唐突なようだが、その問題をはじめて本格的に研究したのはアメリカの戦略空軍であった。B-29の無差別爆撃で多くの同胞を失い、家を焼かれた日本人としては複雑な気持ちになるが、あの大型爆撃機は機長以下、数名の乗組員がせまい機内で協力しなければならない。観測係と爆撃手、そして機銃手。みんなが心をあわせて「あうんの呼吸」で出撃できるような態勢であれば戦果もあがるし、無事に帰投する確率も高い。だが相性の悪い組み合わせの乗組員が搭乗《とうじょう》した爆撃機は戦果どころか、敵機に撃墜されることが目立って多い。

そこで学者が動員されて、どんな性格の人間を組み合わせるのがいいか、を研究しはじめた。ひとりひとりの乗組員に、だれといっしょに乗り組みたいか、逆にだれとソリが合わないか、その人間関係図をつくってみた。ソシオグラム（sociogram）という手法であり、その基本になったのは心理学者モレノ（Jacob Moreno）が提唱した「社会計測学」（sociometry）という学問であった。

こうした「相性」の研究はたとえば工場の流れ作業での能率だの、レストランでの厨房《ちゅうぼう》から配膳《はいぜん》までの一連のサービス業務だの、いろんな場面に応用がきく。チーム・ワークを根幹とするスポーツの世界だってそうだ。いくら個々人の能力がすぐれていても、仲間どうしの連携がしっかりしていなければチームは負ける。それもこれも「相性」原理がどこかではたらいていることがしばしばである。だから、チーム・スポーツの監督やコーチは選手の性格を見きわめてそれぞれの持ち場や交代の時期などを的確に判断し命令する。

会社の人事などにもそんなことがある。あいつの性格だったらあのチームからこっちのチームに異動させたほうが能力が発揮できるんじゃないかな、と判断した上司はその人事配置の変更をおこなう。そのほうが組織ぜんたいのためにもなるし、なによりも本人の成長のためになる。ひとひとは「縁」で出会うけれど、出会った「縁」をさらにゆたかにしてくれるのはよき仲間の設計にある。家庭でも職場でも「ウマが合う」ひと、つまり相性のいい人間といっしょに暮らすことが人生のよろこびというものではないのか。

「むすぶ」心

「縁」というのはそもそもが偶発的なものだから、それだけにたよっていたら人生はゆきあたりばったりになってしまう。「袖《そで》ふり合うも多生の縁」というけれども、それぞれに「縁」をあれこれ加工しながら、じぶんでじぶんの世界を構築しているのである。じじつ、ご縁といっても「悪縁」もあるし「腐れ縁」もある。あんまりひどい縁だと「縁切り寺」にかけこむこともあるが、おおむねご縁をだいじにしながらおたがいさわやかに生きることをこころみる。

そして、その数ある「ご縁」のなかで、おたがいの関係をしっかり確認し、約束をしなければならない場面も多い。われわれのおつきあいは「縁」にはじまっているかもしれないが、そうしたつながりのすくなからぬ部分ははっきりとした取り決めを必要とするのである。「縁」あって夫婦になる、というばあい、その男女は「結婚」という約束をしているのである。その証拠に指輪を交換したり神様のまえで宣誓したりする。

ここで「結婚」ということばのなかにみえる「結」という文字に注意してほしい。訓読みにすれば「むすぶ」である。男女は結婚によって「結ばれる」のである。いうまでもなく「結ぶ」というのは糸だのヒモだのをほどけないようにする作業のこと。そこには人間のがわの自発的、積極的な意志がはたらく。ひょっとすると「縁結び」の神様が背後ではたらいておられるのかもしれないが、大安吉日をえらんで「結婚式」をあげる。「結ぶ」という行為は「契約」である。キチンとした契約書をつくって婚姻届をだした事例はすでに明治七（一八七四）年にある。

「むすび」という日本語の由来については本居宣長《もとおりのりなが》にまでさかのぼる語誌があるが、そこまで注釈をつける余裕はない。ただ、おなじみの「おむすび」を思いだしていただきたい。あの三角形の握り飯を「おむすび」というのは忍者が親指と人差し指で三角形をつくって「印《いん》をむすぶ」かたちに似ているからだ。「印をむすぶ」というのは、あのゼスチュアによって空間にひとつの区切り、すなわち「結界」ができあがるからだ。「むすぶ」ことは時空間にケジメをつけることなのだ、とかんがえてもよい。「おむすび」がなぜ三角形なのかという由来もよくわかるだろう。

だから「結」という漢字をつかった熟語はたくさんある。「団結」「結合」「結集」「連結」「締結」などなど。いずれの用例をみても、複数の人間が、いっしょになにかをしよう、という特定の「目的」をもっておこなう手段や団体のことである。

「結」の訓読みでは「ゆふ」とも発音する。いまではほとんど死語になっているが「髪結い」という、あの「ゆふ」である。婚約をたしかなものとして確認する「結納《ゆいのう》」ということばを思いだしてみてもいい。

その名詞形の「ユヒ」というかんがえかたは、日本の生活のなかできわめてだいじであった。たとえば、だれでも知っている飛騨白川《ひだしらかわ》の民家などにのこるカヤ葺《ぶ》き屋根のことをかんがえてみよう。あれだけの面積の屋根を二十年にいちどくらい葺き替えるには、近隣数十人の仲間がみんなで労力を提供しなければならない。すべては相互扶助。ことしは太郎さんの家の屋根を葺き替えたから来年は次郎さんの家、というふうに村じゅう総出で一軒の家の屋根に登って作業をするのである。こういう村での共同作業を「ユヒの慣行」という。つまり、ひとりではできない作業を隣人どうしが回り持ちで手伝うのが「ユヒ」というものなのだ。その「ユヒ」はすなわち「結い」ということなのである。

「結社」ということばは「社会」とおなじく明治時代に出現した訳語で、西周《にしあまね》が一八七〇年ころにつくった百科事典『百学連環』には「結社の権。此《この》結社なるものは其《その》主となるものありて、社を結ぶにあらず。或る物件に就て数人金を出して結社するなり」とある。この「結社」は英語の association の訳であるらしいが、この訳語をつくるにあたって西の念頭にあったのは日本語の「ユヒ」だったにちがいない。現行の日本国憲法二十一条にさだめる「集会、結社の自由」も英語版をみると freedom of assembly and association となっているから、わが憲法も「ユヒ」すなわち association の自由を保障しているということになる。教科書にでてくる「集団」の大半は「結社」、横文字ではアソシエイションのことだ、と理解しておいてまちがいなかろう。

西が「数人金を出して結社するなり」といっているように、ここでいう「結社」は商工業的団体、つまり企業のことだが、べつだん「金を出して」営利を目的とするものだけが「結社」ではない。労働組合も結社だし、慈善団体も結社だ。町内会、老人クラブ、交通安全協会、学会、同窓会、などなど、みんな「結社」である。一般にNPOとよばれている非営利団体もまた「結社」である。わたしたちはそういう「結社」の一員になっている。ひとつだけではない。いろんな「結社」に加入している。さきほどみた「血縁」「地縁」にたいして、このような結社によってつくられる縁のことを米山俊直《よねやまとしなお》は「結社縁」略して「社縁」と名づけた。

おもしろいことに、伝統的な「むすぶ心」は生命保険など保険業の世界にうけつがれてきた。生命保険会社のおおくは正式には「相互会社」であり、それに加入したひとはその会社の「社員」なのである。保険会社に勤務しているのは「職員」。「社員」がおカネをだしあって「職員」を雇っているのである。株式会社では株主総会に議決権があるが、相互会社では「社員」代表が開催する「総代会」が決定権をもつ。おたがい賛同して、万一のときに助け合いましょう、というのがその趣旨なのだから「保険」というのは「ユヒ」の現代版なのである。

おなじような相互扶助の「むすび」が金融仲間に進化した事例もある。たとえば「頼母子《たのもし》講《こう》」。これは「無尽《むじん》」ともいい、鎌倉時代からはじまっていたらしいが、要するに仲間が一定の金額をだしあってまとまった資金をつくり、それを必要とするひとが受け取るという方法。各地で健在であり、その「講仲間」の定例的なあつまりが社交の場になって会合のたのしみになっている事例もあった。石川県では蓮如《れんにょ》が「預金講《よきんこう》」（石川県内に現存）という金融集団を奨励したという例もある。沖縄では「模合《もやい》」（沖縄ことばではムエー）といって県民の半数くらいが加入していた。「頼母子講」の伝統は庶民金融の元祖のようなもので、いまだに健在だ。そして加入者は定例会をたのしい社交の場にしているのである。

さきほど、「ユヒ」の延長として保険業をあげたが、信用金庫、信用組合といった金融機関も「頼母子講」の延長線上にある金融機関である。世界的規模で何十兆円という金額をやりとりしているメガバンクとちがって、信用金庫や信用組合は「会員」が持ち寄った資金を地域内で融通することが目的である。これら庶民金融機関をうごかしているのは「社長」ではなく会員が選出した「理事長」。そして、その基本になっているのは地域密着、相互扶助の「ユヒ」の精神なのだ。「むすぶ心」はこんなかたちでも健在なのである。

「みんな」の正体

世間をつくっているのは人間である。その人間たちを毎日、見ながら、わたしたちは生活している。通勤や通学のバスや電車のなかで何千人ものひととすれちがう。学校や会社にも何百という人間がいる。食堂やカフェ、あるいは劇場、スーパーなどにでかけてゆけば、そこにもたくさんのひとがいる。

ひとびとを観察していると、それだけでおもしろい。電車のなかでお化粧をしているお嬢さんがいらっしゃる。ひたすら文庫本を読んでいる中年の紳士がいる。デパ地下の食品売り場で見本のチーズをもらって口をうごかしているひとがいる。まあ、ひとさまざま、いろんなひとが、いろんなことをしているなあ、とおどろいたり、おかしくなったり、腹が立ったり。世間をみるというのはそういうことだ。

こんなふうに人間は世間の見聞をひろげてゆくが、その「世間」を意味する日常用語のなかでしばしば「みんな」ということばが登場することに注意しよう。

たとえば、君はギターがじょうずなんだってねえ？　「みんな」そういってるよ、いちど聴かせてもらいたいね。こんなふうに隠し芸をホメられるとうれしくもあり、当惑もする。ああ、そうですか、それほどでもありませんよ、ですむ世間話だからどうということはないが、もしも「みんな」ってだれですか？　と開き直られると双方ちょっと困る。せいぜいしたしい仲間数人、たまたまちょっと飲み会の話題になっただけ。そのていどのことが「みんな」になる。べつだん会社の全員が知っているわけではない。ましてや全国民が知っていようはずがない。それでも「みんな」という。たいした人数ではない。

日本語だけではない。英語でのふつうの会話でも“Everyone says so”とか“As everybody knows”とかいったふうに“everyone”つまり「みんな」ということばが大活躍する。あのレストランのステーキはおいしい、って「みんな」がいってるよ、あの小説は「みんな」読んでるよ、君はまだかい？　そんなふうに「みんな」がどうした、こうした、というのである。もとより、これはことばのレトリックというもので、「みんな」といってもじつはせいぜい身辺の数人、知り合い、といったていどのごくわずかな数の人間が「みんな」ということばで語られているだけなのである。それでもわたしたちは「みんな」が気になる。

フェイス・ブックには何億ものひとびとが参加しているというが、そこで知り合った「お友達」はせいぜい数十人、多くても数百人、それ以上だったら文字通り「つきあっちゃいられない」のである。でもその数十人が気になる。これも「みんな」なのである。

たとえばご近所をみていると植木屋さんがはいって手入れをなさっている。ウチだけ草ぼうぼうではみっともない。「みんな」が小ぎれいになさっているのだからウチもやらなければ、ということになる。だが、これもある住宅地での徒歩範囲五分くらいのご近所での発想であって、べつな近隣では「みんな」がイイカゲンだからウチもイイカゲンということになる。一軒の家の窓ガラスが割れたままだと、近隣もだんだん荒廃してゆくという「破れ窓理論」(Broken window theory) の一例である。どっちみち、近隣といったって数十戸という規模であるにすぎない。「みんな」の数はそんなに多くはないのである。

このさまざまな「気になるみんな」のことを「準拠集団」という。英語の reference group の訳語である。その「みんな」とあわせてわたしたちは暮らしている。「みんな」がみているから特定の映画をみにゆく。「みんな」が、あるメーカーのスニーカーがいいといって履いているからじぶんも買う。あんまりたいしたことはないのだが「気になるみんな」からわれわれの心は離脱できず、その影響下にある。

およそ「世界」というものを、「棲息圏《せいそくけん》」(bioshere)、「精神圏」(noosphere)、「記号圏」(semiosphere) の三段階にわけた学者がいる。「棲息圏」というのはその生物が生きてゆくための条件をそなえた「世界」のこと。たとえば一定量の酸素、一定の気温、といった自然環境がそれにあたる。「精神圏」というのは特定の世界観によってみたされている「世界」のことで、たとえば宗教など。ピエール・テヤール・ド・シャルダンがこれを提唱した。さらに「記号圏」というのは、ある言語が通用する範囲。たとえば「英語圏」といったようなものがそれにあたる。

この三分類のひそみにならって、これまで「世間」と名づけてきたものを「交際圏」(sociosphere)とよんでみてもよかろう、とわたしはかんがえている。「交際圏」というからめんどうくさくきこえるかもしれないが、要するに「世間」ということである。つまりそれぞれの「人間」がつながっているひとの範囲ということ。ずいぶんたくさんいるようで、じつはそんなに多くはない。わかりやすい例でいうと年賀状のやりとりの数。二十一世紀はじめの日本人の平均値でいうと四十枚。じっさいには二十人ないし三十人といったところか。それがおたがいの「交際圏」、すなわち「世間」のおおきさなのである。いずれにせよ「みんな」の正体は数十人にすぎない。アメリカの社会学者が"social capital"と名づけたものを「社会関係資本」などとむずかしい訳語で論じるひとがいるが、あれも結局のところ日本語でいえばそれぞれの「世間」のおおきさということなのである。

小中学校の学級の規模について教育学者の書物を読むと、一クラスの生徒数は四十人前後がちょうどいいという。そういわれてみるとそうかもしれない。わたしの教師経験などまことに貧弱だが、大学の教養課程というので巨大な階段教室で講義をしたときには往生した。学生数、およそ五百人。うしろのほうの席にすわっている学生なんかカスミのかなたにほとんど消えている。とうていおぼえきれない。ゼミの学生数のほうは一ダース、つまり十二人に制限したら、こっちのほうにどうやらみんな知り合いになることができた。

さらに年齢、職業、地域などの要因によって「世間」の内容や規模にはかなりのバラつきがある。「世間」というものは「人間」の数とおなじだけある。あなたにとっての「世間」、つまりあなたの「交際圏」はわたしにとっての「世間」とはまったく関係がない。なにかのご縁で共通の知り合いがいるかもしれないが、まずそんなことはあるまい。いま、わたしは著者として、あなたは読者としてかすかな「つながり」はできているかもしれないけれども、それ以上のものではあるまい。あなたとわたしはまったく「関係がない」のである。

こころみに、あなたがいますぐにあげることのできる「知り合い」の固有名詞を手当たり次第に紙切れにエンピツで書きつけてみたらいい。家族、職場の仲間、取引先、マージャン友達、同窓会のメンバー、いくら頑張っても五十人をこえることはあるまい。あとは人名録だの名刺ケースだのをひっくりかえしてみないと思いだすことはできない。そしてあなたの人名録とわたしのそれとをくらべてみたら、まったく顔ぶれがちがうのにおどろくはずである。おたがいの「世間」はじつにちっぽけで、異質なものなのだ。

「みんな」の新陳代謝

ところで、いま思いだしてメモに書きつけた何十人かの知り合いのなかで、十年まえのリストにはいっていなかった人名が何人あるかをしらべてみよう。もしもあなたが現役真っ盛りの職業人であるなら、おそらくその「知り合い」の半分ちかくが十年まえには見ず知らずだった「新人」であることに気がつくだろう。十年といえばひと昔である。そのあいだに職場では人事異動があったし、取引先の担当者もかわっている。生者必滅会者定離《しょうじゃひつめつえしゃじょうり》、親類縁者や友人の訃報《ふほう》もあっただろう。転勤や転職があれば当然、つきあいの相手もかわってくる。「世間」は時間の経過につれて、すこしずつ変化しているのである。

ふつうのサラリーマンが年間に交換する名刺の数は三百枚という。ひとに会えば、ほとんど自動的に名刺をだす。習い性と化して、名刺入れは財布とともにつねにポケットのなかに用意してある。ということは、とりもなおさずおたがい年間にやりとりしている名刺も三百枚ということになる。営業関係のしごとなら、ひょっとすると毎日十枚くらい名刺交換をしているかもしれぬ。あんまり多いものだから、それを五十音順のケースにいれたり、スキャナーで読み込んで整理したりするひともいる。だが、その三百枚のなかで、ほんとうに必要なものは一割にもみたないだろう。名刺の数だけ「交際圏」がひろがっているようにみえるけれど、かなりの部分はすでに「交際期限切れ」になっているのだ。

じっさい、何人かのあたらしい知人がふえたぶんだけ、古い知友が不要になっているのである。つい先月まで部屋の中央で部下のしごとぶりをみていた部長が定年退職になっていれば、しぜんと疎遠になってゆく。そのかわりに新人がはいってきている。いつのまにやら知り合いの範囲はすこしずつかわっているのだ。「いま」という時点での「世間」の中身は十年まえのそれとは大違い。いうなれば「世間」はつねに新陳代謝をくりかえしているのである。それはあたかも路線バスに乗り合わせた乗客のようなものだ。停留所ごとに乗客は乗ったり降りたり。ときには満員、ときにはガラガラ。そんなふうに入れかわってゆく乗客のすがたをぼんやりとみているのが人生というものなのだ。

もちろん、さきほどみたように夫婦親子というのは「交際圏」のなかでまず変化することのない中核部分である。だがそのほかの「知り合い」はおおむね変化する。そのことを福澤諭吉は『文明論之概略』のなかでこんなふうにかいている。

兄弟姉妹は夫婦親子よりも遠く、叔父と甥《おい》とは兄弟よりも遠く、従兄弟《いとこ》は他人の始なり。……朋友の交《まじわり》にも……刎頸《ふんけい》の交といい莫逆《ばくげき》の友というが如《ごと》きは、その交際の親しきこと、殆《ほとん》ど親子兄弟に異ならずといえども、今の文明の有様にてはその区域甚だ狭し。数十の友を会して長く莫逆の交を全うしたるの例は、古今の歴史にも未だこれを見ず

「刎頸の交」とか「莫逆の友」などというのは古典にある表現で、ほんとうにおたがい心をゆるすことのできる親友ということ。たとえば中学のときから同級で、おなじ大学に入学し、

いっしょにバスケットボール部で合宿をかさねてきた友人、といった「親友」のことだ。職場や住所がかわっても、信頼すること篤《あつ》く、なんでも相談する。困ったときには無条件で助ける。そんな友達がいるひとはしあわせだ。しかし、まるで義兄弟のような「刎頸の交」だってあやしいものだ、と福澤はいうのである。

なるほどそのとおり。学生時代に、ほとんど寝食をともにするくらいこまやかな交際をしていた「親友」ともいつしか疎遠になっている。ときどき思いだしては、あいつ、どうしているのかなとつぶやいたりするものの、あのころの親愛の情はすっかりうすれている。人生というのはそういうものだ。

そんなわけで、わたしの経験からいうとさきほどのべた名刺の整理などというものにはじつはあんまり意味がない。なるほど数十人の顧客をもち、さらに熱心に市場開拓をつづけている優秀なセールスマンなどだったら、見込み客をふくめてつねに百人を上回る名刺管理が必要だろう。しかし、どんな商売でもあたらしい顧客がふえれば、それに前後して数年まえの顧客とはいつのまにか遠ざかっているものだ。去る者日々に疎《うと》し、などともいう。もちろん特定のバーのマダムと懇意になって十年、二十年、通いつづける常連さんもいるけれども、客というものはおおむね移り気なもの。永遠の顧客なんてあるはずがない。その結果、手元にある厖大な名刺ファイルのなかに記憶させてある人名の大半は、じつのところ不要になっているのである。コンピューター時代になってサーバーには人名を機械的に記憶させることはできるから、実直に何千、何万の人名が格納されていることがある。それを加除訂正しないものだから、受取人が死亡して数年が経過しているのに、ずっと法人が年賀状をだしつづける、といったような滑稽《こっけい》なことも発生する。

そうでなくても、いまこうして生きているそれぞれの人間にとって、それぞれの「交際圏」はつねに流動し、内容は変化しつづけている。「人間」が生き物であるのとおなじように「交際圏」すなわち「世間」も生き物なのだ。そのことにふだんは気づかないけれど、時々刻々と「知り合い」のすがたはつねに変動しているのである。

「人脈」というものは、おおかれすくなかれ流動的なものなのである。人間どうしというものは、一定の期間をかぎって親密であってもやがては疎遠になる。おたがい忘れてしまう。「カネの切れ目が縁の切れ目」といういいかたは露骨だが、われわれの「人脈」もじつは冷淡なものなのだ。一流企業の社長時代にあれだけ顔がひろく、知名度の高かった人物も、会長、相談役、顧問、社友と肩書きがかわるたんびにその交際圏はせばまり、やがて世間からも忘れられてゆく。

さらに、一般的にいってどんな職業であろうと、ひとりの人間の「交際圏」は若いときにはせまく、働き盛りのときにふくれあがり、年齢をかさねるにつれてふたたびせばまってゆく。同時代のつながりが消えてゆく。現役時代の同僚、友人知己はほぼおなじころに定年退職したり、病気にかかったり、ときには死亡したりしてゆくから「世間」はせまくなるいっぽう。エリクソン(Erik Homburger Erikson)はみずからの体験をまじえながら『老年期』という書物で晩年の「交際圏」の縮小を論じたが、「ひろい世間」はだんだん「せまい世間」になってゆく。世間というもの、そして人生もまたそういうものだからである。

『方丈記』にいわく、

淀《よどみ》ニ浮カブウタカタハ、カツ消エ、カツ結ビテ、ヒサシク留《とど》マリタルタメシナシ。世中ニアル人ト栖《すみか》ト、又カクノゴトシ。

真理である。

【さらに読むといい本】
柳田國男「恋愛技術の消長」「家永続の願い」『明治大正史・世相篇』中公クラシックス・中央公論新社・二〇〇一

柳田民俗学の中心的な課題のひとつは「家」の問題であった。ここにあげたふたつの論文はそれをめぐってのわかりやすい入門になるだろう。興味があったら、「世相篇」ぜんぶを読み、そこから柳田学にしたしんでゆくのもよい。

奥井復太郎『都市の精神』日本放送出版協会・一九七五

日本の都市社会学の古典の一冊。とりわけ明治大正とつづいた日本の都市の「現代化」のなかでうまれた諸問題を具体的にとりあげた「都市生活論」などはいまのわたしたちの日常をかんがえるうえで示唆にとむ。

Erik H. Erikson: *Childhood and Society*. Norton. 1950.

著者のエリクソンはドイツ生まれの発達心理学者。フロイトの影響をうけながらアメリカに渡ってエール大学などで教鞭《きょうべん》をとり、「アイデンティティ」という概念をつくりあげて有名になった。この書物は題名のしめすようにこどもが社会のなかでどう育ってゆくかを論じた名著である。専門用語があるから、ちょっとむずかしいが挑戦してみるのもよかろう。

加藤秀俊「縁の考察」加藤秀俊著作集第十巻・中央公論社・一九八〇

これはもともと一九七九年に月刊雑誌『リクルート』に連載したエッセイをまとめたもの。単行本にはなっていない。このころからわたしは「縁」という観念に気がつき、思いつくままに執筆した。この章を補足するものとして読んでほしい。

第三章　コミュニケーション――ことばの力

「体感」について

前章でみたように、われわれはそれぞれに「交際圏」をもっている。「世間」をもっている。だが、「交際圏」が「交際圏」であるためには「交際」という行為がなければならない。おたがいが、なんらかの方法でつながっていることを確認しあうことで、はじめて「交際」が成立する。その行為のことを「コミュニケーション」という。

「コミュニケーション」ということばはもともとラテン語の communicatio にはじまって、まずフランス語の語彙となり、それが近世英語になったもの。だが、それが世界的規模で頻繁につかわれるようになったのは二十世紀なかばのことであった。日本でこのカタカナ語がはじめて出現したのも一九五〇年代のこと。新語である。

コミュニケーションの基本になるのは「面談」である。人間どうしジカに会って話をすることである。目と目があって、それでなにかを合点する。とにかく人間と人間、おたがい理解を深めるためには直接に会って話をするにこしたことはない。「顔と顔」の直接コミュニケーションだから face to face、略してＦＴＦなどともいう。

じっさい、人間の「顔」というものはおもしろい。おたがい目鼻をはじめいくつもの器官をもっているがその配置はひとによってちがう。「他人のそら似」といわれるほど似ているひともいるが、それぞれの個人の顔というものはそれぞれに微妙にちがう。ちょっと見ただけで、それがだれであるかがわかる。わたしたちはうまれながらにして、おたがいの生きた「顔」を識別するふしぎな能力をもっているのである。現代の技術はひとの眼窩《がんか》や鼻梁《びりょう》などいくつもの点を三次元でつなげて「顔認識」を可能にして出入国の管理に応用したりするようになったが、生きた「顔と顔」の相互認識能力というのはおそろしいほど正確だ。

本人確認ができて、やっと「顔と顔」のおつきあいができる。どこにいっても認識してもらえるだけ交際の範囲がひろければ「顔がひろい」というし、そのひろさによって世間からタヨリにされる「顔役」もいる。「顔」こそが個体識別の有力な手段だから、「顔を立てる」「顔にドロを塗られた」「顔パス」など、「顔」という観念は比喩《ひゆ》的に拡散している。「顔」あっての人間コミュニケーションなのである。

外交関係にしてもそうだ。交通・通信手段が飛躍的に進歩したこんにち、それぞれの国の大統領や首相は相互に招待したり訪問したり、定例の会議を開催したりして「個人的関係」を構築することにつとめる。外交のことは大使館をつうじてやっていればいい、というのは理屈だが、指導者どうしが「面会」しなければだいじな問題は解決できない。すくなくとも友好関係を維持するためには「顔と顔」が物理的、いや生理的に向き合うことが必要なのである。

ではなぜ「顔と顔」の対面コミュニケーションが必要なのか。それは生身の人間どうしが至近距離で向き合わなければおたがいを「体感」できないからである。「体感」というのは、おおげさにいえば全人的接触ということである。現実に生きて、呼吸している人間にはまずその身体があり、握手すれば体温を感じることができる。わたしたちがほんとうに深いコミュニケーションをかわすことができるのは、そういう「体感」をともなった現実の人間どうしの対面の場だけなのだ。

そうでなくても恋人どうしは、ただいっしょにいるだけでたのしい。デートがおわって、さよなら、といったとたんにまた会いたくなる。友人どうし、いちど会いたいなあ、といって歓談したり食事をともにしたくなるのも生きた人間の「体感」をもとめているからだ。

会えば、相手の服装、歩き方、一挙一動、表情、女性のばあいだったら持ち物、アクセサリー、化粧のかすかな香料のにおいにいたるまで、そのひとをとりまく「雰囲気」がまずわたしたちの感覚器官にとびこんでくる。「ことば」によるコミュニケーション以上に強烈なのは人間の存在そのものが発する「実在感」なのである。

学校の授業も「実在感」があるからだいじなのだ。科目が数学であろうと英語であろうと、学習欲のある学生なら教科書や参考書を読めばたいていのことは学習できる。それにもかかわらず、きめられた時間に教室で席につくのは文字どおり目と鼻の先で講義なさっている先生の肉声にふれ、黒板に書かれる文字を目で追うことによってはじめて生き生きとした学習が体験できるからである。前後左右にいる級友たちの呼吸が感じられ、かれらと共通経験をわかちあうことができるからである。ノートや辞書をめくる紙ずれの音、教室のなかのあの独特のにおい。そうした全感覚を動員した「体感」があるからこそ学校という場での教育がだいじなのだ。

実務の世界でも、ふだんは電話ですむような用事でも、相手方としっかり商談を煮つめ、数千万円におよぶ交渉や契約、ということになると、テーブルをはさんでなんべんも「面談」することが必要になってくる。めでたく商談が成立すれば、どちらかが席を設け、一夕を談笑のうちにすごす、といったこともあるだろう。話題はささいな世間話。あとはカラオケといった宴席であっても、一種の皮膚《ひふ》感覚のようなものが相互に刺戟《しげき》されて「交際圏」を強化してくれるのである。

そればかりではない。「体感」によるコミュニケーションはいろんな解釈も可能にしてくれる。なごやかな会話をたのしんでいるようにみえても、相手が腕時計に目をむけているのは、そろそろ切り上げたい、ということを意味している。俗に「目は口ほどにものをいい」ともいう。ゴフマン（Erving Goffman）の有名な「顔のはたらき」（face work）もこのような「ことば」にとらわれないコミュニケーションについての考察であった。歌舞伎《かぶき》の名セリフに「互いに見交わす顔と顔……おお、読めた」というのがあるが、ひとが「読む」のは「ことば」だけではない。「顔」をはじめ、さまざまな「しぐさ」も読みとる能力をもっているのである。

それに「ことば」が発せられていても、そのことばを体感的にうけとることができないこともある。たとえば不祥事があると、当事者が「このたびは多大のご迷惑をかけ……」と定型文のお詫《わ》びのことばをのべ、「再発防止に努力いたします」といって最敬礼する情景にはテレビでよくおめにかかるが、あれはおおむね用意された文章をただ読み上げているだけ。だから、あんまり反省・謝罪の「気持ち」がつたわってこない。そういうとき、謝罪されるほうは「誠意がない」といって不満をしめす。おおげさに土下座されても体感的にはかえって不愉快だ。ちゃんと謝っているじゃありませんか、といっても無駄《むだ》である。「巧言令色鮮《こうげんれいしょくすくな》なきかな仁《じん》」ともいう。コミュニケーションというものはやたらにおしゃべりをするからいい、というものではなさそうなのである。

日常会話

「体感」はだいじだが、そんなにしょっちゅう生きた人間どうしが「顔と顔」で向き合っているわけではない。わたしたちのコミュニケーションはおおむね「ことば」で成り立っている。ここで「言語」についてのもろもろの学説のおさらいをするつもりは毛頭ないが、「ことば」をつかう、というのは簡単なようで、じつはたいへんにむずかしい。というのは、世間にわかってもらうためにはかなり訓練が必要だからだ。

このごろは、あまり区別するひとがいなくなったが、日本語には口語と文語というふたつの表現方法がある。いうまでもなく、口語とはふだんの会話でつかっていることば。それに対して文語というのは、あらたまって「文章」にした「書かれたことば」のこと。たとえば口語で「きのうはどうも」というところを文語では「昨日は失礼いたしました」というたぐい。口語はしたしみやすいが、文語はおおむね硬くなる。硬いだけでなくむずかしくて、めんどうになる。ばあいによってはヨソヨソしくなる。

前項でわたしは不祥事のお詫びの「定型」にふれたが、あの定型文の「多大なご迷惑」というのは文語である。ふつうの日常会話では「多大の」などとはいわない。「たいへんな」という。その「たいへん」を「多大」という文語体の文字を読み上げるから、ていねいなようで、無愛想なのである。

こうした文語体や漢字の濫用について、わたしは旧著『なんのための日本語』でくわしく論じたから、あまりくりかえしたくない。だが、わたしなどがいくらいっても文語文をつかいたがるひとがすくなくない。おまけにワープロ・ソフトには書簡文の定型がたくさんのっていて「謹啓《きんけい》秋冷の候」といったような文書がキー操作ひとつで即座にでてくるようになっている。ぜんぶ漢字だらけで、ふだんの口語すなわち「はなしことば」とはまったく無縁の文字列である。オマジナイとおもえばそれでよかろうが、こんなもの、べつだんコミュニケーションの手段ではあるまい。

「ことば」によるコミュニケーションでいちばんだいじな心得は、このような文語文を使用しないことである。ふつうの口語体でみずからを表現することである。もちろん口語体といっても、いまこうして書いている「文字ことば」は「である」調という表記法であって、「はなしことば」とはちがう。ほんとうの「はなしことば」で「そうじゃないかな」というべきところを「文字ことば」では「そうではあるまいか」になる。「会話ことば」に近づけようとして、「そうではないでしょうか」と「です・ます」調にしてみてもやっぱり「文字ことば」だ。こればかりはしかたがない。「ことば」はほんとうにむずかしい。

しかし、わたしたちの言語生活というのは、じつのところ、たいへんに単純なもので、日常会話はかぎられた語彙《ごい》(単語)で間に合っている。『広辞苑』には二十万以上の語彙が収録されているが、日常会話でそんなにたくさんの語彙のなかからことばをえらんではなしているわけではない。いくつもの研究によれば、その数はせいぜい数百。それらを組み合わせて会合をひらいたり雑談をたのしんだりしている。いちいち辞書をひかなければわからないようなことばはつかわないし、だいいちそんなにたくさんの語彙があることさえ意識してはいない。

それなのに、世の中にはむずかしいことばをつかわなければ学問ではない、とかたくなに信じているひとびとがいる。「専門用語」というのがそれだ。なるほど、医学や物理学のような「科学」の世界では専門家でなければわからないような「専門用語」が必要なことがしばしばである。

だが人文学、とりわけ世間を相手にしている「社会学」では、できるだけ「はなしことば」に近い「文字ことば」で文章をつくることに心すべきであろう。「社会学者」になるためにはその専門用語を駆使しなければならない、などというのはとんでもないまちがいだ。はじめにのべたように、「社会学」というのは「世間話」の延長なのだから世間につうじることばで語ることができなければ社会学者とはいえない、とわたしはおもっている。

さらにいうなら、「日常会話」はことばによるコミュニケーションの基本である。「英会話教室」のたぐいを軽蔑《けいべつ》して、英語を本気で勉強するなら、まずきっちりと文法からはじめなければならない、といったようなことをいうひとがいるが、それはまちがいだ。なぜなら「おはよう」「こんにちは」からはじまって、食べ物の好ききらい、ゆうべみたテレビ番組の感想、サッカーや相撲のうわさ話……といった「日常会話」こそがわたしたちの生活をささえてくれているからである。ふつうのことをふつうのことばではなす「英会話」ができれば、大手をふって世界じゅうどこにいってもそんなに不自由はしない。

日本語だっておなじこと。ふだんのことばでやりとりをして、おたがいうなずいたり、いっしょに笑ったりできればそれでじゅうぶんではないか。文法なんか、おおむね必要ではない。さらにいうなら、わざわざむずかしいことばをつかう理由などどこにもありはしない。

それなのに職業的社会学者はやたらにめんどうで、むずかしいことばをつかう。なかには専門用語がわからなければ社会学者とはいえない、などと公言する大学教授もおられる。

専門用語というからキコエはいいが、なんということはない、あれは「業界用語」（ジャーゴン）というもので、やくざの隠語とおなじようなもの。その隠語を共有できる人間たちだけで「学界」を維持しようというだけのことなのだから、あんまり気にしないほうがいい。

だれにでもわかることばでコミュニケーションをかんがえよう、というのはわたしがこれまでじぶんの著書でなんべんもくりかえしてきたことだから、これ以上くどいことはいいたくないが、とにかくわかりやすい日常用語でものごとを記述し、みずからのかんがえを表現するのがわたしたちにとっての「ことばの作法」というものだ、とわたしはおもっている。「文字ことば」は、できるだけその原点になる「はなしことば」に立ち戻ることを目標にして書くのがいい。なんべんもいうが社会学という学問はしょせんは世間話である。世間話は「はなしことば」で語られるものなのだ。

じっさい、こういう日本の学界の珍妙な風習とは対照的に、外国の社会学者が執筆した本はごくふつうの「口語体」の文章で書かれている。とてもわかりやすい。すくなくともわたしがこの本の各章末に紹介している本は、どれをとっても「業界用語」などつかっていないのである。

文字でつながる

わたしたちの「はなしことば」、とりわけ世間話のほとんどすべてはその場で空中に飛散してなにもとどめないが、ごく一部は「文字」というおどろくべき発明品によって痕跡《こんせき》をとどめてきた。ロゼッタ・ストーンのような大昔のことはここではとりあげないが、わたししたちのふだんの生活のなかでどれだけ文字が活躍しているかにおどろかないわけにはゆかない。あたりまえのことだが、商品やサービスのやりとりにあたっては契約書、納品書、領収書といった書類が必要になる。いくらしたしい間柄でも「口約束」はマチガイのもと。言った、言わない、でめんどうなことになったりもする。だから文字にする。

人間の記憶力というものはそんなにアテになるものではない。いいまちがい、ききちがいもある。だからだいじなことは文字にしておく。会議ではそれぞれの発言の「議事録」がつくられる。新聞記者は取材にあたってノートやメモ帳にペンを走らせる。学生は授業できいた講義の要点をノートにのこす。ふつうのとりとめもない雑談のなかでも、突然、はじめてきく植物の名前などがでてくると、ちょっともういちどいってくれない？　メモとるから、といって新知識を文字にして書きつける。

世の中には「メモ魔」といわれるひとがいて、なんでもメモをとる。わたしなどもつねに手帳をポケットにいれておいて、忘れてはならないことはその場で文字にする習慣が身についている。メモだからべつだん起承転結のあるまとまった「文章」ではないが、あとになってからでもなにが語られたかがわかる。

文字というものは時間を超越したメディア（やりとりの手段）である。信長《のぶなが》が秀吉《ひでよし》に宛《あ》てて書いた手紙は四百年の歳月をへたこんにちでも読むことができる。ふたりの関係がどんなものであったかがわかる。およそ「歴史」というものを学ぶことができるのは、ひとえに文字という記録手段が発明されたからだ。「歴史」は「文字」とともにはじまるのである。

そんなことはさておき、「交際圏」の立場からみてだいじなのはわたしたちが同時代人だけではなく任意の過去のひとびとと「知り合い」になることができる、ということだ。「友人」ということばは適切でないが、本をひらくことで、わたしは孟子《もうし》を知ることができる。本居宣長から学ぶことができる。わたしの書棚にならぶ本の背表紙から目についた人物を手当たり次第に列挙してみると、わたしには田沼意次《たぬまおきつぐ》、ソースタイン・ヴェブレン、紫式部《むらさきしきぶ》、マルコ・ポーロ、周作人《しゅうさくじん》、カール・マルクス、平田篤胤《ひらたあつたね》、その他、各国、各時代、各分野におよんで数千におよぶ「知り合い」がいる。かれらの「顔」はもちろん知らない。会ったこともない。ましてや会話をかわしたこともあるはずがない。しかも、こっちが一方的に知っているだけで、先方は後世のわたしのことなどまったくご存じではない。でも、これら過去の「知り合い」のおかげでわたしはじぶんの知識をふくらませてきた。

さきほどのべたように、生身の「顔」でつながる世間は伸縮する。しかし「顔の世界」の大小にかかわらず、わたしたちは文字をつうじていくらでも「交際圏」をひろげてゆくことができる。相手は古今東西、無数といってよい。「人間」は「世間」と同義だ、とわたしはくりかえしのべてきた。そしてたとえ「顔」はみえなくても、わたしは文字をつうじいくらでもたくさんのひとと知り合い、世間を無限に拡大する可能性をもったのである。こんな方法で交際圏をひろげる努力をかさねるひとのことをむかしは「読書人」といった。

こうして人間どうしのつきあいが、顔の世界、文字の世界をふくめてまるで生き物のように相互に作用してうごいている状態のことを一般に「ネットワーク」という。情報の、あるいはつきあいの「網の目」とでもいうべきか。

コンピューターや携帯電話、そしてそこから派生したもろもろの情報端末のおかげで世の中はずいぶんかわってきた。これらの機器が文字を電子的に処理して、わたしたちの手もとに送られてくる。これまで数十年を生きてきた人間にとっては想像すらしなかった新世界が眼前にある。いや、そのなかでわたしは生きている。しかし、この新時代は同時にあらたな「文字の時代」でもあることに注意しよう。なぜなら、これらの端末にふれる人間の大多数がこれを「メール」の送受信に使用しているからである。

「メール」というのは mail すなわち「郵便物」ということである。手紙を書き、切手を貼って郵便ポストにいれる。それを郵便配達がはこんで相手方にとどける。ここで郵便の歴史をうんぬんするつもりはないが、夏目漱石《なつめそうせき》と正岡子規《まさおかしき》のあいだの書簡などは毎日のように往復していた。おどろいたことに明治の東京での郵便物の集配能力はすばらしく、たいていの手紙に午前、午後、の一日二回にわたって配達されていた。だが、その古典的郵便物はだんだんすくなくなり、現在では「メール」といえば電子的通信手段によるもの、ということになってしまった。本来的意味での mail、つまり郵便物は「カタツムリ・メール」（snale mail）などと軽蔑されたりもする。

だがだいじなことは「メール」が文字メディアだという事実である。郵便物が紙とインクでつくられているのと対照的に、こちらはデジタル処理された液晶画面上の光の点滅である。でも「読む」「書く」という文字の入力、出力の基本はかわらない。たしかに現代人は手書きの文字のやりとりをすることはすくなくなったが、デジタル文字はふんだんに利用している。郵便配達とちがって昼夜をわかたず、いつでもどんどん送受信するものだから、おおくのひとびとは毎日なんべんも「メールチェック」をするようになった。送信されてくるものの大部分は広告その他の「ジャンクメール」だが、なかには端末中毒といっていいほど常時メールを気にしている若者もいる。かれらがみつめているのは厖大な量の文字列である。それが重要かどうかは別問題として、わたしたちは文字にとりかこまれて毎日を暮らしている。こんなに大量の文字が生産され流通した時代は人類史はじまって以来なかった。

じっさい、いま手もとのパソコンをひらいてネットにつなげて検索してみれば、有名無名、老若男女、世界あちこち、何百万人もがみずからの身辺雑事、不平不満、自己宣伝、あらゆることを文字にしてだれとも知れぬ「読者」にむかって書きつづけている。

これらの新発明をＳＮＳというが、いうまでもなくあれは英語の social networking service の略で、「つきあいサービス」とでもいうべきもの。「ソシアル」というからすぐに「社会的」と翻訳するのはマチガイ。論より証拠、「ソシアル・ダンス」は「社交ダンス」といって「社会的ダンス」とはいわないではないか。英語で「ソシアル」というのは、「社交」「つきあい」ということでもあるのだ。ＳＮＳは「おつきあい」の場なのである。いや、もっとわかりやすくいえば、あれは現代版の井戸端会議である。いろんなひとが、いろんな話題をちょっと持ち寄って「いいね」といっておたがい満足する世間話交換の場なのである。そういう「会話」は、せいぜい数日のあいだ記憶にのこるが、あとにはなにものこらない。それでもわたしたちはその「社交」すなわち「おつきあい」に満足して毎日キーボードやタブレットに向きあって、ひとときをたのしんでいるのである。現代の「文字ことば」の主流はそういうものなのかもしれない。

新聞の功罪

わたしが学生のころ、コミュニケーションということばはまったくの新語であり新概念であった。わずかにそれに近接していたのは「新聞学」という学問で、わたしにとっていちばん身近な学術研究機関は東京大学の新聞研究所であった。新鮮な雰囲気があった。

もともと「新聞学」(Zeitungswissenschaft)という学問は一九一六年にライプツィヒ大学に創設されたもので、日本では一九三二年に上智大学でつくられたのがはじまりだが、わたしのばあい、東大の研究所でお世話になることが多かった。大正十一(一九二二)年刊の小野《おの》秀雄《ひでお》『日本新聞発達史』が必読文献だったこともなつかしく思いだされる。

新聞という印刷物がはじめてあらわれたのは一六〇五年ストラスブルグで発行された週刊紙だともいい、また一六五〇年にドイツで発行された日刊新聞だともいうが、近代の新聞という紙媒体のメディアは十八世紀なかばの変革によって登場したあたらしい市民階級の意見発表の場として、ヨーロッパ諸国を中心にして成長してきた。よく知られているように日本でも瓦版《かわらばん》がつくられていた。最古のものは十七世紀はじめの大坂夏の陣をつたえたニュース記事だという。

新聞の歴史をここで論ずるつもりは毛頭ないが、だいじなことは新聞というものがあれこれの世間話を文字にして大量生産するメディアだという事実である。

もともと「世間話」は局地的なものであった。これまでなんべんもみてきたように「世間」というものは、親子きょうだい、親族、隣人、友人知己といったせまいものだ。たいていの世間話はその範囲内で交換され、しばらくすると忘れられてゆく。時間が経過すると、ああ、そんなこともあったねえ、と思いだしたりもするが天下の一大事というわけのものではない。いずれにせよ世間話というものは、一定の時空間のなかで目立つことなく消えてゆくものなのだ。SNSだって似たようなものだ。

それが新聞の登場で、ちょっとした世間話が「せまい世間」からいきなり途方もない「ひろい世間」に拡大するようになった。もとより口伝えの話がおどろくべきスピードでつたわった、という事例はいくつもある。たとえば忠臣蔵の原型になった刃傷《にんじょう》事件は江戸から赤穂《あこう》まで早馬で二日間で伝達されたという。また、心中事件などが歌舞伎に脚色されて数ヶ月のうちに上演されたこともすくなくはなかった。さらに前項でみたように、書物というものが登場すると文字によるコミュニケーションは無限といっていいほどの時間と空間をこえて「ひろい世間」をつくってくれるようになった。

しかし、十五世紀に発明された印刷術がつくった書物というものは聖書をはじめとする神学、哲学、さらに詩や随想、文学といった知的世界をゆたかにし蓄積してゆくためのものであって、それをつくるにあたっては入念な製版、印刷、製本、装幀《そうてい》、といった作業が必要だったから、一冊の本ができるまで一年以上かかることもめずらしくはなかった。それに読者は「読書階級」つまり貴族知識人にかぎられていたから、発行部数もタカが知れていた。スウィフトの『ガリバー旅行記』だってその初版は二百部。それでも売れのこった。

ところが新聞におなじ印刷物でもその性格がちがう。こっちに市井の雑事をあれこれとりあげてそれを即座に大量にひろめることを目的とする「世間話」の拡散装置なのだから、あれこれのニュースが絶え間なく供給される。文字通り「ジャーナル」（日誌）であり、それをささえる思想は「ジャーナリズム」、その作業に従事する記者は「ジャーナリスト」。これが世の中をにぎやかにしはじめたのである。そのけたたましさのなかでわたしたちは生活している。

だが、新聞はたんなる世間話の拡散装置というだけではない。なぜなら世の中で起きている雑事のなかのほんの一部分だけを拡散するのだから、当然、取捨選択する。価値判断をする。したがって必然的に「党派性」を背負うことになる。

そんなわけで、新聞というものは多かれすくなかれ政治的メディアという側面をもっていた、といってもいい。じっさい西洋でも日本でも新聞はもともと「政論」の場であった。政府の立場を擁護する「御用新聞」もあったし、反対にひたすら権力批判や政府高官の醜聞《しゅうぶん》に徹する「赤新聞」もあった。現在の日本の新聞は「不偏不党」を旗印にしているが、そんなことはない。とりわけ「進歩的」新聞は慢性的に欺瞞《ぎまん》をくりかえしている。信頼性のない「証言」から書いた記事が、とりかえしのつかない国際的反日運動の原因になったりしたこともある。新聞はウソをつかない、というが、全面的なインチキ記事はいくらもあった。じぶんで自然環境に落書きをして写真を撮り「心ない観光客のしわざ」と報道した新聞がある。

潜伏逃走中の思想犯に会見した、という完全ウソで固めた記事が社会面のトップをかざったこともある。あとで謝罪したが、それで許されるものではあるまい。

もっとも罪が重かったのは一八九八年に発生した米西戦争。これはアメリカの女性がキューバでスペイン人に暴力をふるわれた、というハースト系新聞の捏造《ねつぞう》記事。一八九五年に「ニューヨーク・モーニング・ジャーナル」の経営者になったハーストは「ニューヨーク・ワールド」の所有者だったジョーゼフ・ピューリツァーと売り上げ競争をした。その競争に勝つためにとにかくアメリカ人がキューバで虐待されている記事を書け、と記者たちを叱咤《しった》激励《げきれい》し、まったく事実無根の「事件」が連日大見出しで印刷された。ハースト系新聞はスペインを非難する記事をあれこれと創作し、そのウソが大見出しになった。その結果多くの読者、そして政府がスペインとの戦争を余儀なしと判断したのである。

ひとことでいうならば文字通り新聞が戦争を煽動《せんどう》し、実施させたのだ。米西戦争は新聞の意図的なウソではじめられ、アメリカの陸海軍はキューバはもとよりスペイン領だったフィリピンやグアムを制圧して十九世紀末の覇権主義をみせつけた。現在もつづくキューバ問題、フィリピン問題の発端はアメリカの新聞のインチキだったのである。

なぜウソをつくのか。戦争になれば新聞の発行部数が伸びるからである。そんなふうにして新聞が「世論」をつくるのである。世間を誘導するのである。新聞が怪《け》しからぬ、といえば読者大衆も怪しからぬ、と同調する。新聞がある人物を悪人ときめつければ人民ことごとく、その人物を糾弾《きゅうだん》する。新聞は政治を、経済を、そして世評を変化させるだけの力をもつようになったのだ。わたしたちがもっているさまざまな「意見」は一見したところ自発的・自主的にみえるが、じつはそのほとんどすべてが新聞記事の関数だとみてよい。戦争のヒキガネまでひくのだから、新聞はおそろしい。電子メディアの普及で発行部数は減ったが「ニューヨーク・タイムズ」「人民日報」、その他世界の有名新聞を世間は依然としてタヨリにしている。

すでにのべてきたように新聞というものは世間話の大型判だったし、いまもそうなのだが、これだけの権力をもってしまうと、新聞は天下を支配する。世の中が立法、司法、行政の三権分立によって組み立てられていることは中学校の教科書にも書いてあるからだれでも知っているが、新聞はその三権をも支配するようになった。マス・メディア、とりわけ新聞が三権とならぶ「第四の権力」(the fourth estate) とよばれるゆえんである。新聞は「社会の木《ぼく》鐸《たく》」などといってみずからの重要性を誇るけれど、じつのところその歴史はあまり手放しで自慢できないのである。

いちどにつながる

新聞がつくりあげる巨大な世間話の世界と、それがもたらしたおどろくべき世界についてはいまのべたとおりだが、人類史上、想像もつかなかったような巨大な「世間」ができあがったのは二十世紀になってからの放送メディアの登場だった。放送のおかげでわれわれの「世間」はかつて想像することもできなかったほどひろがったのである。マクルーハンはそれを「人間拡張」と名づけたが、「世間」と「人間」は同義なのだから「世間拡張」といってもいい。とにかくわたしたちすべてが共有できるような、いや、共有せざるをえない「ひろい世間」のなかに放りこまれたのである。

ラジオ放送というものがはじめて実験されたのは一九〇六年、フェッセデンというアメリカ人によるものだったというが、その後二十年ほどのあいだにラジオ受信機というあらたな耐久消費財が発売され、先進国を中心に各家庭で聴かれるようになった。

こまかい歴史は省略するが、その強力な放送メディアにさいしょに注目した政治家のひとりはヒットラーであった。かれの腹心の盟友、ゲッベルスは一九三三年にナチ政権発足とともにラジオ放送局を国営化し、みずから「国民宣伝省」長官になって連日プロパガンダ放送をおこなった。ナチ政権はラジオとともにはじまり、ラジオによってその基盤を確実にした、といってもよい。かれらが政権確立とともに放送局を占拠した、というのはじつに鮮やかな戦略であった。ラジオは単純明快なことばでドイツ国民を心理的に完全に「洗脳」してしまった。ほかに情報源がなくなれば、人間の思想や行動はわずかな時間でかわってしまうものだ。わたしたちだって、新聞、放送が口をそろえておなじことをくりかえせば、いつのまにやらなんでも信じてしまう。歴史の改竄《かいざん》だって、真実だと思い込んで疑うことを知らない。それを徹底的に実行したのがナチであった。ハーストの新聞による大衆操作もひどかったが、ナチのラジオ利用はそれをはるかに上まわるものだった。

さらにゲッベルスがプロパガンダの達人として偉大だったのは、当時まだ不足していたラジオ受信機を大量生産して各家庭への浸透をはかったことだ。ゲッベルスは技術者を督励して「国民ラジオ」（Volksempfänger）の開発をおこない、安価で性能のいいラジオが量産されることになった。その結果ドイツでのラジオ普及率は一九三九年には世帯の七十パーセントをこえた。こうして天下無敵の巨大な「世間」ができた。そのスピーカーからはヒットラーの演説から愛国歌謡にいたるあらゆる世間話がきこえてくる。「国民自動車」（Volkswagen）はいまもその名をとどめる世界有数の自動車会社としてアウトバーンとともにナチの遺産になっているが、「国民ラジオ」もまたたいへんな現代遺産だったのである。

ほぼ同時期に、アメリカもまたラジオの力に着目して、受信機の普及と電波の政治的利用をかんがえはじめた。ナチ・ドイツのようにあからさまな放送局の国営はできなかったが、軍事予算を迂回《うかい》させてRCAという会社をつくった。放送内容はニュース、音楽などが中心だったが、このラジオを利用することをかんがえたのがルーズベルト大統領である。かれは「炉辺談話《ろへんだんわ》」（fireside chat）と名づけた定時放送で直接に国民に語りかけた。題名がしめすように、これは演説という気張ったものではなく気楽なおしゃべり、という趣向。これで大統領と国民のあいだの距離はちぢまり、戦争中のアメリカの世論と士気を高めた。「炉辺談話」がはじまったのは一九三三年。ゲッベルスによる「国民ラジオ」の構想とまったく同時代であったことは象徴的な符合というべきであろう。

ひとことでいえば、「交際圏」すなわち「世間話」の輪は、ラジオという新発明品のおかげでついに「国家」というタガのなかにすっぽりと包みこまれ、ひとびとはラジオの意のままにうごくようになってしまったのである。

ヒットラーとルーズベルトというふたりの象徴的リーダーのラジオ利用をみて、他の国もラジオのおどろくべき効果に気がついた。イギリスはBBCをつくり日本では大正十五（一九二六）年に日本放送協会、すなわちNHKが発足していた。ひとことでいえば、放送というコミュニケーション手段の実用化と「国家」とがセットになって二十世紀初頭の世界に登場したのである。この大変動は劇的であった。

かなり時間がたってからラジオを導入した途上国での世間の変化もおどろくべきものだっ

た。たとえばラーナーの調査によると、一九五〇年代のはじめのレバノンでは、それまでなにか問題がおきると村の長老の意見にしたがって行動していた村人たちが、ラジオの導入とともにだんだん「政府」のいうことをきくようになった。具象的な「顔」はみえないが「声」はきこえる。ひとびとはその「声」をつうじて想像もつかないような「ひろい世間」を知り、同時にそれが「国家」というものであることを知ったのである。いいかえれば、ラジオこそがナショナリズムの確実な基盤を用意してくれたのである。特定の国の特定の言語による放送によって「国民意識」がはっきりできあがってきた。誇張していえば「ラジオの誕生」は「国民意識の誕生」だったのである。じじつ、いま世界には二百余の「国家」があるが、その半数以上の放送局は完全な国営事業である。

もちろん、さきほどみたように新聞という強力なメディアはあった。しかし、同時刻に同一の情報に数百万数千万の「国民」が接触する、というおどろくべき時代がやってきたのである。新聞はそれを購読しないひともいるし、主張もさまざま。なによりも文字の読めないひとには無縁の存在であった。しかしラジオから流れでる声はすべてのひとびとに同時に到達する。

それに電波というメディアの性質から、周波数割り当ては国際機関によっておこなわれ、放送局の設置は各国政府による許認可制によって管理されることになったから放送は程度の差こそあれ独占的になり、「国民」が接することのできる情報は限定的にならざるをえない。そんなふうにして、われわれは放送をつうじて背後に見え隠れする「国家」という巨大な「交際圏」のなかに組み込まれたのである。テレビの登場は「有名人」の「顔」もみせるようになったから、放送の威力はさらに加速した。

SNSの登場でマス・メディアの力が減少した、という説がある。たしかにネット端末が世界中で五十億台あるというのは事実だろうし、それが百億台になることもあろう。だがそれは五十億人が歯ブラシをもっている、というのに似ている。あんまり意味のある数字ではない。五十億人が同時に、しかもいっせいに同一情報でつながっているわけではないからである。じっさいのSNSはせいぜい数百人をつなげるネットワークであるにすぎず、この五十億という数字だってマス・メディアがとりあげてはじめて全世界が知ったのである。局地的に、そして一時的になにかが「炎上」したって、そんなものマス・メディアのおおきな手のひらのうえでアリが一匹、ちょっとうごいたようなもの。それにSNSが語る内容はマス・メディアからの引き写し。あるいはマス・コミ批判。なによりも多いのが放送・出版の前宣伝。SNSはマス・コミに寄生しているだけなのである。そうおもったほうがいい。

【さらに読むといい本】

原島博『顔学への招待』岩波書店・一九九八

「顔」というものがこれだけだいじな役割をになっているのに、それを総合的にかんがえてみよう、といううごきはこれまでなかった。この書物は「顔」をめぐって人類学、物理学、生物学などいろんな領域の学者たちがあつまってつくった「顔学」への招待状。まことにたのしく勉強になる本である。

梅棹忠夫『情報の文明学』中公文庫・一九九九

人間のさまざまないとなみを「情報」という側面からとりあげた論集である。とりわけ「情報産業論」はその後の日本の論壇にすくなからぬ衝撃をあたえた。メディアやコミュニケーションについて生態学の立場からみると、ふつうの教科書では思いつかないような切り口がみえてくる。この分野での必読の書物といってよい。

Erving Goffman: On face work. in *"Interaction Ritual"*. Anchor Book. 1967.

ゴフマンがさいしょ一九五五年に書いた論文。わたしがゴフマンと面識をえた翌年に発表したものであった。四十ページほどのエッセイだからすこし頑張ればだれにでも読める英語である。

加藤秀俊『人間関係』中公新書・一九六六

なんとかして「コミュニケーション」というカタカナ語をつかわずにコミュニケーション論ができないものか、という思いで書いた本。まだ基本的にまちがっていないと自信をもっている。かなりG・H・ミードのことを意識していた時期だったことを思いだす。

第四章　組　織——顔のない顔

「法人」の時代

いまの日本で、二十五歳以上のひとの七割以上は給与生活者である。サラリーマンである。サラリーウーマンである。要するに給料をもらって生計をたてているひとびとである。

年俸何千万という高給とり、月給いくらの正規雇用者、時給で計算される非正規雇用者、派遣社員、アルバイト、いろんな雇用形態があるが、みんな「給与生活」をしている。とにかく給与生活者であることにかわりはない。

もちろん、勤務先はそれぞれにちがう。社員数万人、東証一部上場企業という大会社に勤務しているひともいるし、従業員数名のコンビニではたらいているひともいる。工事現場でクレーン車を運転しているひともいるし、コンピューター画面とにらめっこしながら企画書を書いているひともいる。ひとさまざま、いずれも世間にとって不可欠な職業である。

だが、みんなに共通しているのは「組織人」であるという事実であろう。みんななにかの「組織」の一員なのである。その組織の大部分は「会社」である。おおきくわけると株式会社、合同会社の二種類。くわしいことは会社法にしるされているとおりだが、いずれも「法人」である。われわれ生物としての人間、すなわち「自然人」には寿命があって、いつかは死んでしまうが「法人」は「人間」ではないのに法律上「ヒト並み」にあつかわれるのである。「自然人」たるあなたは定年になれば会社を去るが、会社という「法人」はそんなことと関係なくいつまでもつづく。

会社以外にも法人はたくさんある。公益法人、財団法人、特殊法人、宗教法人、学校法人、などなどいずれも利益をあげることが目的ではない。あまたのNPO、つまり非営利団体もまたおなじ。しかしそれぞれに「法人格」をもっていることにかわりはない。

「会社員」だの「サラリーマン」だのといったことばは、かなりむかしからあった。とりわけ昭和初年になると、「もしも月給があがったら」「ああそれなのに」などサラリーマンの哀感を歌った歌謡曲が流行した。昭和十（一九三五）年ころ、サラリーマン文化が花開いたときのヒット曲である。わたしはまだ学齢に達してはいなかったが、ラジオできいた。レコードできいた。ソバ屋の出前持ちのオニイサンが口笛で吹きながら自転車ではしってゆくのをきいた。ユーチューブで検索したら、なつかしや、あの曲がよみがえってきた。それほどにあの一連の歌謡曲は全国を席捲《せっけん》していたのである。

あの時代、日本の就労者は、おどろくべきスピードで農村から都市に移住し「勤め人」になった。都市化とともに増加して「腰弁《こしべん》」などとからかわれたりもしたが、労働のしかたとしてはまったくあたらしい新職業だったのである。その新職業人というのは「法人のなかの自然人」のことである。ところがいまの日本で「法人」の一員でないひとは、おそらくひとりもいない。

一見、サラリーマンとは無縁にみえるような芸能人などもプロダクションという法人に所属し、そこから「給与」として出演料を間接的に受け取るようになった。芸術家、作家などの自由業者も同業者団体に加入している。わたしも日本文芸家協会という法人の会員である。

学生だって「法人」の一員とかんがえることができる。なるほど、学生は給与所得どころか逆に授業料を支払う立場である。しかしめでたく入学試験に合格すれば入学式でその学校の校則を遵守《じゅんしゅ》して勉学にはげむ、という宣誓をするし、「学生証」という身分証明書を手にする。あちこちで「学割」という特権にめぐまれる。それはひとえに学生もまた特定の「学校法人」に所属しているからである。そして学校の規則によって表彰されたり、懲戒《ちょうかい》をうけたりする。

そんなわけで、いまではすべての国民がなんらかの「法人」の一員になった。農家は農協にはいったり、ときには会社組織をつくって直販で営業するようになった。医師は医療法人をつくり、病院の院長は理事長、看護師さんたちは職員ということになり、事務長が法人会計によって決算業務や税金の申告をしている。夫婦ふたりのささやかな屋台の焼き鳥屋さんも会社をつくって、ご主人が社長、奥さんが専務ということになっているところがたくさんある。むかしの八百屋さん、魚屋さん、零細《れいさい》な商店は現金をいれたカゴを店にブラさげて、文字通りのドンブリ勘定《かんじょう》で日々の暮らしをしていることができたが、いまはバーコードで売り上げを記録する「会社」である。先代のご隠居は「会長」で、それなりの「給与所得」を受け取っている。

なぜこうなったのか。いろいろな理由もあろうが、「法人」にしたほうが社会保障などの処理が能率化できるからである。健康保険、共済年金、その他もろもろ。個人営業からこうした法人への変化は二十世紀なかばから顕在化した。源氏鶏太《げんじけいた》の『三等重役』にはじまり、植木等《うえきひとし》の「サラリーマンは気楽な稼業ときたもんだ」という「ドント節」にいたる一連の大衆芸術は、世の中が「サラリーマン時代」、すなわち「法人の時代」に急速に突入したことを象徴するものだった。ミルズ（Charles Wright Mills）の『ホワイト・カラー』が話題になったのもそのころのことであった。世界のあちこちで、あらたな「中産階級」が登場したのである。

「法人」は「法人格」という「人格」をもつ。「人格」がある以上、「顔」がある。その「顔」には「自然人」のようなだれにでも見分けのつく個性的な目鼻立ちがあるわけではない。ただのっぺりとした会社名があるだけである。だが、その「顔のない顔」がいまの世間をうごかしている。「自然人」は「法人」にはいったとたんに、それぞれの「自然顔」ではなく「法人顔」で世渡りをするようになるのである。名刺に印刷された何某という個人名は、その右上にある肩書き、すなわち「法人名」によって識別される。あのひと、なんていうお名前だっけ？ ○○会社のひとだけど、といったふうに「個人名」は「法人名」のカゲにかくれてしまうのである。

それを人格喪失《そうしつ》などといって嘆くにはあたらない。なぜなら、なにかにつけて法人が個人の防護壁になってくれるからである。取引上の不都合、欠陥商品、ときには交通事故まで責任は法人が背負い込む。それだけ「個人」は無責任をきめこむこともできるのだ。


「タテ」と「ヨコ」

中根千枝《なかねちえ》さんが『タテ社会の人間関係』という書物を出版されたのは一九六七年のことだったが、この書物を契機にして日本文化は「タテ」の関係で人間がむすばれているのだ、という説が有力になった。いまでもそう信じているひとがすくなくない。どこにいっても人間どうしは上下関係。殿様と家来、地主と小作、社長と社員、上役と部下、親分と子分、といった「タテ」関係ではないか、というのである。

中根さんがそんな単純な図式であの本を書かれたわけではないことはよく読めばわかることだが、「タテ社会」ということばだけが一人歩きして日本は「タテ」関係だらけ、と理解するひとがふえた。いまでもその傾向がある。

しかし、それはただしくない。第一に「タテ」関係は世界じゅういたるところにある。ボスがいて部下に命令する。店長がいて店員がいる。機長がいてクルーがいる。王様がいて人民がいる。みんな「タテ」ではないか。このタテ関係がなければ世の中はうごかない。会社は社長以下、管理職が意思決定をして担当社員に指示する。建築現場では洋の東西を問わず現場監督がいて、それにしたがって職人が作業する。「タテ社会」は日本の専売特許ではないのである。

だが、歴史的にみて東日本では強力な「タテ」型が支配的だった、とみてもいいのかもしれない。なぜなら裕福で権力のある大地主が零細で貧乏な小作のうえに君臨する、という村落がすくなくなかったからである。たとえば山形県酒田《さかた》には「本間《ほんま》様には及びもないがせめてなりたや殿様に」という俗謡《ぞくよう》があった。本間様というのはコメ商人本間宗久《そうきゅう》のこと。たいへんな商才があってコメ相場で財産をつくり二十町歩ほどの水田ももち、藩主酒井家よりも財力があったという。秋田の平野家などは所有する土地三百町歩。突出した大地主である。小作人も六百人。その財力で若き日の藤田嗣治《ふじたつぐはる》を育て、美術館をつくったことでも有名だ。

昭和九（一九三四）年、猪俣津南雄《いのまたつなお》は『窮乏の農村』でみごとな現地調査の記録をのこし、資本家に転身した大地主と貧困に苦しむ小作人のすがたをえがいたが、かれが巡歴した農山村が東北地方と北陸の一部に限定されていたことに注意しよう。たしかに地主・小作という「タテ」関係はあったが、それは一般に「東北日本型」といわれる土地所有に特有なもので、猪俣がほとんど足をはこばなかった「西南日本型」の農山村では小規模ながら自作農が大部分。ドングリの背比べだから、みんな平等という「ヨコ」関係のほうが優勢だった。たとえば「頭屋《とうや》」の制度では神社のお祭りなどのリーダーは氏子が毎年交代でつとめる。この組織は「宮座《みやざ》」というが、現代語でいえばローテーション方式である。「タテ社会」ならぬ「ヨコ社会」である。わたしの一九五〇年代の見聞では岡山あたりでは農地六反（一反は三百坪ほど）もあれば暮らしてゆける、という中規模自作農があつまって村をつくっていた。

江戸落語では「大家といえば親も同然、店子《たなこ》といえば子も同然」というが、それをきいた京都の友人たちは声をそろえて、そんなことあらへん、家の貸借は「契約」やないか、といって笑った。江戸の「タテ」哲学と西日本の「ヨコ」哲学がそこにみごとに対比されているようにわたしはおもえた。

　ヨコ結合のひとつに信長の「楽市楽座」でおなじみの「座」という観念もあった。このことばは同業者集団といった意味でひろくつかわれてきたもので、たとえば大阪の道修町《どしょうまち》には薬種の「座」の伝統をそのまま継承して大手の薬品会社のビル群が集中しているし、東京でもわたしの育った昭和初期までは江戸のなごりをとどめて簞笥町《たんすまち》、笄町《こうがいちょう》、材木町、など「座」がそのまま町名になっていたところがたくさんあった。それほどに、「座」の精神は日本の歴史にふかく根ざしているのである。なによりもいま、日本を代表する高級商店が結集しているのは東京の「銀座」ではないか。

　同業組合としての「座」には、自己防衛的な側面があった。経済というものは自由競争をその原理とするけれども、多くの業者が競合するようになると値崩れがおきる。だから、競争といってもほどほどにしておく。とりわけそれぞれの取引先をきめて領分を荒らさない。価格も申し合わせで決めたりもする。「競争」とはいいながら、おなじ「座」の仲間を支配する原理はリースマンのいう「敵対的協力者」（antagonistic competitor）である。競争しているようで、ナレアイなのである。あるいはカルテルである。いわゆる「談合」団体である。ゆきすぎると困ったことになるが人心のおもむくところしかたがない。

　江戸時代の為政者もそのことには気がついていた。古くは元和《げんな》八（一六二二）年に京都所《しょ》司代《しだい》板倉重宗《いたくらしげむね》はおよそ商売は「其身のこころ次第たるべし」として完全自由競争を奨励し、「座」による独占を禁止した。しかし、いったん手にいれた独占的立場をそうやすやすと解散するわけにはゆかない。そこで商売上の仲間を「講」に偽装することを思いついた。「講」についてはは次項でくわしくみるが、たとえば染料の紅《べに》をあつかう紅屋の仲間は「稲荷講《いなり》」という信仰団体をつくって、表むきは京都東山《ひがしやま》の双林寺《そうりんじ》で毎年二回あつまって寄合をもつ、ということにした。

信心をおなじくする者があつまる、というのだからだれも干渉できない。あつまった以上は住職のお説教をきいたりもしたのだろうが、じつのところこれが「談合」の場。いまの実業家がゴルフ場で和気《わき》藹々《あいあい》、プレーをたのしみながらビジネス上の雑談をかわすのとおなじである。そしてゴルフ倶楽部《クラブ》の会員権とおなじく、稲荷講も会員権として銀二十枚を提出することを義務づけた。それを怠って紅の取引をした商人には、原料の紅花を売った業者もあわせて取引停止。商人だけではない。職人にまで制裁はおよび、紅職人は稲荷講に加入している「講仲間」の内部でしか転職することはできなかった。

それだけではない。銀二十枚を納入するだけが会員資格の取得条件ではなかった。同業者があつまって談合するのは結構だが、無制限に人数がふえるとめんどうなことがおきる。あまり好ましくない人物に参入を許可するのも問題である。だから会員規則をつくって、仲間の人数や資格を制限した。

その結果、「座」は利権化して、一種の有価証券のようなものに進化した。ゴルフの「会員権」が売買されるのとおなじように、「座」のメンバーである権利も売買されるようになったのである。

こうして売買される権利のことを「株」という。紅屋には紅屋の「株」があり、西陣織りには「高機織屋《たかばたおりや》」の「株」があった。

この「株」システムは大工から菓子屋、酒造、染色、きせるといったさまざまな業界におよび、あらゆる業界で「株仲間」だけに営業が制限されるようになったのである。「仲間」なのだから、これはあきらかに「ヨコ」関係である。「古株」といわれるような有力者はいても、「仲間」なのだからここでは親分・子分式の「タテ」原理は通用しないのである。

「仲間」のさまざま

「株仲間」ということばが成熟したのは十八世紀なかばのことであった。『古事類苑《こじるいえん》』にはその用例を延享《えんきょう》四（一七四七）年にさかのぼるものとしているが、西日本の先進地帯では実質的に株仲間はもっとはやくからできあがっていたようである。その一例が建築業である。京都では大工頭中井《なかい》氏が建築関係の職人をまとめて「組」という名の巨大集団をつくった。

寺社建築にたずさわっていた大工、左官、木挽《こびき》などは在京二十組の「組」に所属して建仁寺《けんにんじ》組、四条組、田辺組など、所在地や親方の名を冠した「組」が編成されていて、その業界すべてを束ねる連合が「中井」だったのである。いま大手ゼネコンをはじめ土木建設企業のなかに「組」という社名の会社がおおいのは、この時代の畿内《きない》での「組」にはじまっているのだ。

このようにして成立した「株」結合の原理はやがて特定の身分や職業ぜんたいにひろがりをみせるようになり、売買可能なものになった。たとえば将軍家直参《じきさん》の御家人《ごけにん》という身分も「御家人株」として富裕な町人などがそれによって武士身分を購入するようになった。もちろんその対象が商業的利権ではなく「身分」というものだったから、形式的には養子縁組というかたちをとったが、ときには数百両というかなり高額な取引であった。

そんな歴史的背景のもとに明治時代になっても「株」という観念とそれを基礎とした市場構造は基本的にかわらず、やがて「株式会社」という名前の現代企業に継承されたのである。いまでも銀行などに「頭取」、一般の会社でも「取締役」などという株仲間時代の役職名がのこっているのは日本の「株」方式がいかに歴史的に古いものであったかを物語る。「会社」というものは日本の伝統のなかで、こんなふうに十八世紀なかば以来きっちりと形成されてきたものなのであった。

このことは日本という国をかんがえるにあたって重要である。なぜなら十九世紀なかばの「開国」によって日本の「近代化」がはじまり、そこではじめて西洋から文物制度が輸入されたのだ、と多くのひとは信じているからだ。学校の教科書にも、だいたいそんなことが書かれている。しかし、実態はそうではなかった。「株式」による事業経営は江戸時代の「株仲間」からちゃんとはじまっていたのである。そのことを石井研堂《いしいけんどう》の『明治事物起源』はこうしるしている。

維新前には、各種商業に組合あり、その営業権は、相続売買書入すること出来、之《これ》を株式と称せり。明治元年十二月、商家営業、及株鑑札規則を設けしが、この株又は株式の意義は、尚《なお》維新前の意義にてありし。新前の意義にてありし。

日本で「座」が成立したころ、ヨーロッパでもまったくおなじような同業組合が成立した。西洋史の教科書にでてくる「ギルド」である。もとより文化的基盤がちがうから、その組織のありかたにちがいはあるけれど、ほぼおなじものとみてよい。福田徳三《ふくだとくぞう》、三浦新七《みうらしんしち》などの学者たちの論考をみればそのことはあきらかである。ドイツには都市間をつなぐ「ハンザ」という貿易連盟もできていた。ルフト・ハンザというドイツの航空会社の名前にその中世のおもかげは生きている。

「講」というのも日本の「ヨコ」型結合の典型であった。たとえば落語の「大山詣《おおやま》り」でおなじみのとおり、かつて江戸の市民にとっていちばん身近な信仰の対象はいまの神奈川県伊《い》勢原《せはら》市にある大山阿夫利《あふり》神社。江戸の庶民のあいだでは、とにかく大山詣りをしなければ一人前の男ではない、という成人儀礼のような意味もあって、年間、百万人にちかい参詣客が「講」をつくり「大山街道」をあるいた。

「大山講」だけではなく、いろんな「講」が日本の各地にできあがっていた。古くは熊野《くまの》、伊勢、白山《はくさん》、富士山など山岳や社寺の神様を信仰するひとびとが村ごとに組織されて「講」という名の仲間をつくっていたのである。いまでも古い民家の軒先を注意してみるならば「白山講」とか「富士講」とかいった木札が打ち付けられているのを見ることがある。あれはその家が「講中」（講の一員）であることをしめしているのである。

日本の旅行文化をふりかえってみると、講による集団参詣旅行が重要な役割をはたしていたことがわかる。日本各地の博物館、郷土資料館などを訪ねてみると、どんな山間僻地《へきち》でもかならず「講」があった。講を代表して伊勢などに「代参」していた代参者は寺社で入手した聖物のはいった「宮笥《みやげ》」を持ち帰って講メンバーに配った。こんにちわたしたちが「オミヤゲ」といっているものの語源がここにあるという説もある。第二章でみた「頼母子講」なども「講」のひとつの発展形態であった。

講集団による集団旅行の伝統は変形されて現代日本にも継承された。世界的にみてもあまり例のない「修学旅行」がそのひとつだ。明治十四（一八八一）年に宇都宮の中学生の団体が上野で開催されていた勧業博覧会の見学のために上京したのがそのはじまりだ、といわれているが、おそらくその原型になっていたのは講集団であった、それは二十世紀なかばになると農協ツアーという団体海外旅行になり、それはいっぽうでは批判や軽侮《けいぶ》の対象になったけれども、やがてこの方式は世界中の旅行代理店のモデルになって、いまや「パック旅行」という名の団体旅行が主流になった。あれは「講中」の現代インスタント版なのである。

講のほかにも「ヨコ」関係によって成立する組織はいくつもある。たとえば「連《れん》」というものをかんがえてみよう。「連」というのは、もともとは「ムラジ」と読み、氏族集団のことを指していたが、やがて趣味などをともにするヨコの仲間といった意味になった。そのメンバーのことを「連中」という。慣用句としては、江戸歌舞伎が成立してから特定の役者を応援するファン・クラブのようなものが「連中」なのである。「連」ということばから阿波《あわ》踊りのグループのことを連想するひともいるだろう。町内や会社ごとに「○○連」という数十人の集団が単位になって街中を踊りまわる風景はテレビでおなじみだ。

「連歌」も「連」である。同好の俳人などがあつまって五七五、七七と上の句と下の句にわけて詩をつなげてゆくもの。何人かがあつまって詩をたのしむのだから「歌仙」などともいう。いわゆる「天明狂歌《てんめいきょうか》」もそれが展開したものだ。大田南畝などを中心にしてつくられた「狂歌連」で宿屋飯盛《やどやのめしもり》が『古今集』序をもじってつくった「歌よみは下手こそよけれ天地《あめつち》の動き出してたまるものかは」などがその代表で、いま読んでもまことにおもしろい。

連歌などという風雅の世界だけではない。いまの日本の大組織にも「連」をつかった団体がたくさんある。民間放送連盟、日本将棋連盟、などなど。そしてなによりも労働組合をぜんぶたばねる大組織は「連合」ではないか。「座」「講」「連」ことごとくヨコ型である。日本は「タテ社会」どころか、むしろ「ヨコ社会」が基本であるようにわたしにはおもわれるのである。

固い組織・やわらかい組織

わたしは帝国陸軍さいごの人間である。といっても陸軍幼年学校生徒。もちろん戦闘行為に参加したわけではなく、ひたすら将来の陸軍将校になるための勉強と訓練にはげんでいた。敗戦のときは十四歳だった。

それでも軍人勅諭《ちょくゆ》は毎朝そろって全校生があつまって朗読していたし、いくつかの法令や規則も学習していた。その軍務のなかでもっとも重要な行動規範は「命令」と「服従」だった。そのことは「軍隊内務令」の「綱領五」にあるつぎの文章に要約されている。

服従ハ軍紀ヲ維持スルノ要道タリ故ニ至誠上官ニ服従シ其ノ命令ハ絶対ニ之ヲ励行シ習性ト成ルニ至ラシムルヲ要ス

要するに兵はどんなことがあっても上官の命令に服従するのみ。「命令ハ謹デ之ヲ守リ直ニ之ヲ行フベシ決シテ其ノ当不当ヲ論ジ其ノ原因、理由等ヲ質問スルヲ許サズ」ともいう。なにがあっても上官の命令にはつべこべいわずに、いわれたとおりに迅速《じんそく》に行動せよ、というのである。これが軍隊という組織の基本原理である。

こういう古い帝国陸軍の規則・規定をみて非民主的だ、というひとも多かろう。そのとおりである。しかしこれだけきびしい絶対的な「命令・服従」という原則がなければ戦争はできない。海軍だっておなじだ。陸戦であれ海戦であれ、どこでどう行動するかは指揮官が決定する。敵をとらえて「撃て」と命令するのも指揮官である。それに服従して発砲するのは部下の義務である。いいんですか? とか、イヤです、とかいっていたら戦争はできない。「民主的」な軍隊なんて、そもそも自己矛盾なのである。旧日本軍だけではない。世界中、どこにいっても軍隊というのはそういうものだ。

もちろん、高度の戦略・戦術は最高司令部で甲論乙駁《こうろんおつばく》の議論によって決定される。参謀たちはそれぞれに意見をのべる。「意見具申」は可能である。シミュレーションも慎重におこなう。その部分は民主的だ。しかしいったん決定したら各司令官はそれぞれの責任部署で、適切な時期に部下に命令をくだす。爆撃機が目標に向かってミサイルを撃ち込むのも、市街地に潜入した地上軍がゲリラの本拠にロケット砲を発射するのも、すべて上官からの命令によって実行するからである。そうでなければ戦争には勝てない。

軍隊のように指揮命令系統がピンと張りつめて作動する組織は「硬い組織」である。キッチリしている。どこかでコミュニケーションに乱れがでれば戦争に負ける。勝つためには一糸乱れぬ統制が必須《ひっす》条件、いや基礎条件なのである。

「硬い組織」は軍隊だけではない。警察、消防署、といった治安にかかわる公的組織、鉄道、航空などの運送業、などはつねに指揮命令で機能する。発車ベルが鳴って、駅長が合図をし、運転手が時計を秒針までしっかり確認してはじめて列車はうごく。こうした硬い組織では「タテ」関係が基本で、その命令系統をはっきりさせるために「制服」着用が義務づけられていることがおおい。肩章、襟章など、色がちがったり、線の太さ、本数などで上下関係が一目瞭然《いちもくりょうぜん》である。整然とした集団行動、それが硬い組織をつくり機能させる。

その対極にあるのが「やわらかい組織」である。世の中はおおむね「やわらか」型である。

その一例として同窓会のようなものをかんがえてみよう。縁あっておなじ高校、大学で机をならべた仲間たち。それが同学年、あるいは同級ごとにあつまって、ひさしぶりに旧交をあたためる、というのがその趣旨。幹事なり当番なりが開催日時、場所、会費などを往復ハガキやメールで案内してくれる。出欠の返事をだす。近況報告というのもある。やがて当日がやってくると旧友があつまってくる。むかしの思い出話など、和気藹々でたのしい時間をすごす。宴果てて、二次会をやろう、というのがいれば有志がゾロゾロとついてゆく。

だが同窓会というのは出欠自由、当日になって変更するのもいるし、ときには忘れているひともいる。幹事は苦労が絶えないが、それでもこうして世話役がいるかぎり、これも「組織」といっていいだろう。ただし、ここには軍隊のような厳密な指揮命令系統があるわけではない。同窓会というのはぐにゃぐにゃの「やわらかい組織」なのである。

こんなふうに「硬い組織」と「やわらかい組織」という二分法をつかってみると、いろんな「組織」がその中間にあることがわかる。学校の部活動にしても野球、ラグビーなどのチーム・スポーツ、そして「体育系」は「硬い」部類にはいり、美術同好会だの文芸部だのは「やわらかい」ほうだろう。むかしから「硬派」「軟派」というわけかたをしてきたのも、この分類とどこかでつながっているのかもしれない。

官庁組織は「硬い」が街の商店会の親睦会《しんぼくかい》は「やわらかい」、サッカーのチームは「硬い」がゴルフ仲間は「やわらかい」、囲碁《いご》将棋は段位があって本部組織もあるから「硬い」がマージャンは勝手気ままだから「やわらかい」。あくまでもイメージの問題だが銀行は「硬い」ご商売、それにくらべるとデザイン事務所などは「やわらかい」職種である。大学では継続的実験をともなう理学部は「硬い」が文学部などはいいかげんで「やわらかい」。

こんなふうに、おたがいそれぞれが所属するあれこれの組織をかんがえてみよう。出勤、退社の時間管理にきびしく、毎朝朝礼をする会社もあるし、在宅勤務もさしつかえなし、という会社もある。職種、社風、人間関係、その他さまざまな要素がかさなりあって組織の「硬軟度」とでもいうべきものがある。やわらかいからいい、というわけではないし、硬いから信頼できるというわけでもない。ひとそれぞれ、みずからがえらんだ組織のなかではたらいて、世間のためになっているのである。

そこで、以下に思いつくままに、いろんな組織を列挙してみよう。みんな極端な「硬い」組織と「やわらかい」組織の中間のグレイ・ゾーンにあるはずである。ご座興までに、いったい、それぞれがこの尺度のどのあたりに位置するものか、かんがえてみていただくのもおもしろかろう。

盆踊り、シンクロ水泳、農業協同組合、草野球、PTA、国会議員後援会、商店会、著作権組合、観光バス、ジャム・セッション、歌手ファン・クラブ、老人クラブ、プロ野球応援団、国会、遺跡見学ツアー、町内会、デモ、労働組合……

これに頻度、人数、などなど、いろんな変数をいれてみると、おもしろい組織分類学もできそうである。くどいようだが、いまという時代は組織の時代である。みんなが組織人になった世の中である。わたしたちはいつのまにやら「個人」ではなく「法人」に組み入れられているのだ。

国家――最大の法人

ひとむかしまえまで、東南アジアを旅行すると街頭で露天商が、日本人をみつけると「シャチョウさん」と声をかけ、あやしげなニセモノ時計などを押し売りしていた。さきほどからみてきたように、いまではちいさな商店主も社長なのだから、「シャチョウ」と呼びかけてもまちがいではない。社長でなくたって、「シャチョウ」と呼び止められれば悪い気はしない。

それほどに世の中は「法人支配」になってしまったが、その数ある法人のなかで、最大のものは、なんといっても「国家」であろう。日本、アメリカ、タイ、フランス、アルゼンチン……知っている国を頭のなかで列挙するだけで数十になる。正確にいえば国連加盟国は百数十国。未加入のところや国家として承認されていない地域をあわせれば二百をこえるかもしれない。「硬い組織」の代表としてあげた軍隊だって国家単位に編成され、それぞれの国家防衛のために存在しているのだから「国家」ほどおおきい法人組織はないのである。

それでは、いったい「国家」とはなにか。かなりむかしの書物だが、エンゲルスの『家族・私有財産・国家の起源』は古代ギリシャのアテナイをその原型のひとつとして例示している。それまで合計四つの部族によってべつべつになっていたアテナイ人はやがて共同評議会という連合体をつくった。古代地中海での商品生産や交易にあたって、統一された通貨や規則が必要とされたからである。部族というのは、もともと拡大家族を中心に編成された集団のこと。ごく素朴な「自然村」のようなもの、とかんがえたらよかろう。いまでもアフリカやニューギニアをはじめおおくの途上国には「部族国家」的な側面がかなり色濃くのこっている。

日本での「国《くに》」という観念は『魏志倭人伝《ぎしわじんでん》』にみえる「邪馬台国《やまたいこく》」などが用例として古く、やがて律令《りつりょう》国家が成立すると日本は六十ほどの「国」にわけられた。わたしたちの国は「日本国」だけれども、この古代的な「国」というのはいまの都道府県に似たもの。その「国」は中央から派遣された「国司《こくし》」によって統治され、それぞれに「国分寺」がつくられた。いまでも慣用句として出身地のことを「クニ」という語法は濃厚にのこっている。日常会話のなかで「ときにおクニは？」と問われれば「薩摩《さつま》です」とか「津軽《つがる》です」とかいった返事がかえってくることはめずらしくない。それぞれの地方の表現法やアクセントを「おクニことば」ともいう。

だが「国司」が長期にわたって任地に滞在し、その政治的手腕をふるったか、といえばかならずしもそうではない。なるほど大伴家持《おおとものやかもち》が越中《えっちゅう》国の国司であったのはたしかだが、じっさいにその土地を支配していたのは古くから住みついていた土豪であった。土豪というのは有力者ということだが、ありていにいえば武装集団の親玉。一族郎党を統率して武力、暴力で周囲を征服した人物のことである。タテマエからいえば、かれらは国司その他の中央政府に従属しているようにみえるが、やがてその武力集団が「クニ」の支配者になった。「薩摩守」「越前守」「肥後《ひご》守」といった官職名だけはのこったが、十四世紀ごろからの「クニ」は実力競争、つまり戦争での勝利者が支配した。

そのことは、たとえば戦国武将の先駆となった斎藤道三《さいとうどうさん》をえがいた司馬遼太郎《しばりょうたろう》の『国盗り物語』などを読めばすぐにわかる。表面的には中央政府に従属しているようで実態は武力制圧で領地をふやしてゆくのが「戦国大名」である。土地は「切り取り勝手」になったのである。道三はその知略によって美濃《みの》を中心にしてその領地をひろげた。じっさい、この「切り取り」ということばは十六世紀の雑記録『玉塵抄《ぎょくじんしょう》』に「国々いさかいやうて小な国をば大な国からきりとりにして弓矢合戦ばかりぞ」とある。

はっきりいって、わたしたちが「近代国家」と名づけているものも、その起源はことごとく武力による土地と人間の支配であった。あのアテナイにしても、もともとは先住民のイオニア人がドーリア人によって征服されてゆるやかな統合をとげた都市国家。それがやがてペルシア戦争で制海権をにぎって古代ギリシャをつくった。平和な「話し合い」でできた国家など歴史上、どこにもありはしない。

日本列島のうえで展開された熾烈《しれつ》な「切り取り」の結果、十七世紀になって家康《いえやす》が全国を平定し、そこからおだやかな徳川三百年がつづき、やがてこんどは鳥羽伏見《とばふしみ》、戊辰《ぼしん》戦争など幕府軍と薩長連合軍との戦争によって現在の「日本国」ができあがった。ひとことでいえばわたしたちの母国は関ヶ原《せきがはら》から戊辰戦争まで、いくつもの内戦の成果物なのである。武力の強い実力者が相手を殺戮《さつりく》した歴史の延長線のうえに現代日本があり、その「国土」のうえでわたしたちは生活している。

じじつ、「軍事政権」というと絶対悪と信じているひとが多いが、軍事による制圧以外の方法でできた「国家」などありはしない。毛沢東《もうたくとう》政権は人民解放軍の政権だったし、イギリスの「無血革命」（名誉革命）だって、それに先行してネーデルラント戦争、オランダ侵略戦争など血みどろの戦争を背景にしてうまれた。アメリカは独立戦争でイギリスと戦い、その後、こんどは南北戦争でやっと統一ができた。べつなことばでいえばすべての国は軍事政権というものを経験してやっと成立したのである。いまも世界の主要国家の元首や最高行政官はそれぞれの国家の軍隊の最高指導者なのだ。いざとなれば軍事力で自衛し、ときには「実効支配」という名の他国への侵略もする。軍事力のない国家は皆無なのである。

いまの世界であからさまな「軍事政権」が支配している国はたくさんある。いわゆる「途上国」では名目的に「民主主義」をかかげながらずいぶんひどい軍政がおこなわれているのが実情だ。しかも、この「国家」という「法人」は途方もない権力と権限をもっている。第一に税金をとる。班田収授法《はんでんしゅうじゅのほう》以来、クニは税金をとって機能する。第二に法律をつくって違反者を処罰する。大は憲法から小は町村の条例にいたるまで、あれをせよ、これをしてはいけない、という。それをもって「法治国家」という。わたしたちはそのワクの内部で生活し、生活を保護されている。

その「国家」という「法人」に対抗しうるものはひとつもない。いや、生まれた瞬間からわたしたちはこの巨大な法人の一員にされているのである。おたがいの所属するもろもろの法人、たとえば会社には定款があり、社則があり、組合との協定書があり、それにしたがって職業生活をしているが、どんなにおおきな、そしてどんなに資産価値のある会社でも「国家」というマンモス法人には勝てない。事業税は払わなければならない、諸法規を遵守しそれに違反してはならない。国家は天下無敵なのである。

それでは、この巨大国家権力は、だれがどうしてつくったのか。現代の日本についていえば、その法人のメンバーたる「国民」である。わたしたちが投票した人物が議会で法律を決定し、官僚がそれを実行する。議員と官僚が運営している「国家」のやることはしばしばめんどうだが、あれはわたしたちがつくった「作品」にほかならないのである。

【さらに読むといい本】

豊田武《とよだたけし》『座の研究』豊田武著作集第一巻・吉川弘文館・一九八二

著者は日本中世史の権威。わたしが学生のころ客員教授として一橋大学におられたので講義を聴講していた。その当時は、なにがなにやらわからず、あんまりおもしろいとはおもわなかったが、のちにこの本に接して「座」のもつ重要性がやっとわかってきた。

桜井徳太郎《さくらいとくたろう》『講集団成立過程の研究』吉川弘文館・一九六二

歴史学、民俗学、風俗学など専門の領域をこえた大学者の著作。柳田門下であると同時に「思想の科学研究会」の同人でもあった。この書物は「座」とならんで日本社会学の基礎概念となる「講」についての研究の集大成。このくらいの大冊を半年かけて精密に読むくらいの気魄がほしい。

Edgar H. Schein: *Organizational Culture and Leadership*. The Jossey-Bass Business &

Management Series. 2016.

著者のシェインはＭＩＴで社会心理学を担当する学者。題名がしめすように組織のリーダーの条件を主軸にした書物だが、個人心理学の立場から、組織のなかで個人がかかえる問題について考察した書物である。ちょっとむずかしい本だから、手にあまるようだったら読まないでもいいだろう。

加藤秀俊『人生にとって組織とはなにか』中公新書・一九九〇

文字通り、会社その他の法人ではたらく人間が、組織のなかで直面する問題やその背景、さらに組織というものを、どんなふうに人生に役立てることができるかを論じたもの。刊行後十一版をかさねたが二〇〇六年に絶版となって、いまは入手困難な本になってしまったから、あの本で書いたことのかなりの部分をこの章で再度のべることにした。すでにお読みになったかたには重複で申しわけないが、ぜひ再論しておきたかった。

第五章　行　動――ひとの居場所

個体空間

アルキメデスが人体の体積を計算してみようと思いつき、浴槽《よくそう》のなかにみずからを沈め、あふれ出た水の量でそれを測り「ユーレカ！」（やったぜ！）と叫んだ、という逸話はこどものころ読んだ本で知った。なるほど、頭のいいひとは発想がちがうんだ、とひたすら感心した記憶がある。

だが、それではかれが計測した人体の体積とはどのくらいのものだったか、物好きにも友人にきいてみたら、ひとりの人間の体積はその体重をそのままリットルにしたらよろしい、という明快な答えがかえってきた。人体の大部分は水分なのだから、そういわれて納得した。たとえば六十キロの体重のひとなら体積は六十リットル。一辺四十センチの方形の箱を用意すればそのなかにすっぽりとはいってしまう。殺人犯が死体をトランクに詰めて遺棄することもできるはずだ。物理的存在としての人間なんて、ほんとにちっぽけなものなのである。

しかし、人体というのは手足、目鼻などデコボコだらけの厄介《やっかい》なかたちをしているから、なかなかそのまま宅配便のダンボールのなかにすなおに収容できるわけではない。それにうごきまわる。手足をのばしたり歩いたりする。人間、生きて活動するためにはかなりの空間を必要とする。体積の何十倍もの空間を利用し、ときには占拠してわたしたちは生きている。

さらに、人間の行動をみていると、ひとりのひとの周囲には目にみえないぼんやりした空間があるようである。たとえばひとと会うときにもおたがい距離をとる。おおむね六十センチくらいの距離をおいて面談する。列車や飛行機の座席はヒジかけでひとりひとりの席を区切ってある。テーブルをあいだに置いてはなしをする。食卓にはプレース・マット（日本ではランチョン・マットという）を置いてそれぞれの「占有領域」をはっきりさせる。あんまり接近しすぎるとおたがい不愉快になる。あるいは不安になる。人体の周囲にあるこの目にみえない空間のことを「個体空間」（personal space）という。人間だけではない。電線にとまっているスズメは等間隔に並んでいることに気がつく。このあたりの問題については動物行動学（ethology）がおおくのことをおしえてくれる。人間もまた動物なのである。

しかし、人間のばあい個体空間はさまざまに伸縮する。母親はこどもに皮膚接触する。恋人同士が熱いキスをかわすときも個体空間なんかなくなってしまっている。いっぽう、お声がかかって社長室によばれたりすると、さあこっちへ、と気軽にいわれても直立不動、すくなくとも二メートルほどの距離のところでご下命を待つ。「三尺下がって師の影をふまず」というが、なにも「師」にかぎったことではない。年長者、上司、そして初対面のひとと面会するときには、先方の個体空間がおおきく認識されて近寄りにくくなってしまうのである。警戒心と尊敬の念のようなものがはたらいているのであろう。むかしの日本ではお公家さんは「雲上人《うんじょうびと》」といわれた。文字どおり雲のうえのひと。庶民からは手のとどかない遠いところにおられる高貴なかたがたなのであった。

　ということは、とりもなおさずひとりの人間がその周囲にもつ「個体空間」は物理的なものというだけではなく、すくなからず「心理的空間」というひろがりをもっている、ということを意味する。俗にいう「オーラ」というのも、そんなものだろう。世間でエラいとされているひと、大臣、大富豪、大学者などに会いたいとおもっても、二重三重のカベが張りめぐらされている。「お近づき」になりたいといって会ってもらえるわけがない。まず受付、秘書室、警備員など障壁があって、お目にかかることなんかできはしない。

　じっさい、人間、エラくなればなるほどおおきな個体空間をもち、他人との「心理的距離」をとるようになるようである。飛行機でふつうの人間が乗るエコノミー・クラスは前席とのスキ間がせまく、椅子《いす》もほとんどうごかない。せまい空間に長時間拘束されているものだから「エコノミー症候群」が発生したりもする。それがビジネス・クラスになるとリクライニング・シートもなめらか。隣席との空間もゆったりしている。足もじゅうぶんのばせる。さらにファースト・クラスになると、座席とはいうものの「個室」にちかいものになっている。サービスもゆきとどき、快適である。もちろん、逆比例して料金は極端に高い。

このごろのオフィスは「フラット」になって、だれがどこでしごとをしてもいいようになってきたが、むかしの家具カタログをみるとヒラ社員用、係長用、課長用、部長用、そして役員用とデスクのおおきさや椅子の仕様にいたるまで厳密な区別があった。地位があがればあがるほど家具や占有空間のサイズがおおきくなるのである。いまでも「エグゼクティヴ・ファニチャー」などといって特別に大きなデスクや応接セットなどが用意されている。

「住む」空間についてもおなじ。「起きて半畳寝て一畳」ということわざを思いだしてみたらいい。人間が寝るのに必要なのは一畳の空間、そして座るためにはその半分のおおきさがあればよろしい、といった意味である。寝て、起きて、というだけの最低限の生存条件はそんなものだ。列車の寝台車やカプセル・ホテルもそのくらいだし、世界中あちこちの大都市公園でホームレスがつくるダンボールの「家」もそれに似ている。

鴨長明《かものちょうめい》の住まいは『方丈記』という題名がしめすように一辺が一丈の正方形、すなわち三メートルほどで、面積は十平米といったところか。それでも長明はそこに机を置き、壁には琵琶《びわ》を立てかけている。江戸落語でおなじみの八、熊の住む裏長屋は九尺二間。メートル法でいうと二・七メートル×三・六メートル。こちらも十平米である。その空間のなかに夜具などを用意し、ちいさな土間にカマドをつくって煮炊《にた》きしていた。井戸水や便所は共用である。現代都市のビジネス・ホテルの客室はユニットバスつきで十五平米。東京で家賃六万円ほどの賃貸アパートの専有面積も十平米あまり。こんな事例をみていると、人間ひとりが必要とする最低空間の見当がつきそうである。

でも、これは最低基準。じっさいには家具がある、備品がある、衣料品や食器など、果てしがない。いまの日本でのふつうの家庭生活にはすくなくとも七十五平米、できることなら百平米の床面積がほしいところだろう。さまざまな調査データをみると百平米前後というのが日本の平均的居住面積である。各国の大都市の住宅事情はフランスでもドイツでもイギリスでもおなじようなものだ。日本人「ウサギ小屋」説はまちがっている。

だが、さきほどみた個体空間とおなじく、人間を収容する住居空間の「居場所」もさまざま。いっぽうには最低住宅があるのに、他方にはとんでもない巨大住居がある。むかしの西洋の貴族の屋敷、日本の大名屋敷。現代でもプール、テニス・コートからゴルフ場、といった設備までもったお城のような豪邸もある。建築面積三百坪16ＬＤＫといった豪邸がテレビで紹介されることがあるが、ああいう建築は「人間拡張」の一種で、あれはヴェブレン（Thorstein Bunde Veblen）のいう「見せびらかしの消費」のお手本というべきであろう。

居場所のデザイン

ひとひとりの物理的な「居場所」はさまざまだが、複数の人間がいっしょにおなじ空間のなかにいるときには、その居場所をどんなふうに配置するかが問題になる。

ずいぶん古典的なはなしだが、中世の宮廷では「宮中席次」というのがあって、どんな順番ですわるか、という厳密な席次表があった。参考のために列記しておくと摂関《せっかん》、准三宮《じゅさんぐう》、太政大臣《だいじょうだいじん》、左大臣、右大臣、親王、前関白《さきのかんぱく》、前太政大臣、前左大臣、前右大臣、内大臣、前内大臣……と際限なくつづく。これがエラいひとの順位であり、公式の場での席順であった。いまでは様子がかわったが現在の宮中席次はつぎのとおり。

大勲位《だいくんい》、菊花章頸飾《きっかしょうけいしょく》、菊花大綬章《だいじゅしょう》、内閣総理大臣、衆議院議長、参議院議長、最高裁判所長官、国務大臣、衆議院副議長、参議院副議長、最高裁判所判事、会計検査院長、宮内庁長官、特命全権大使、検事総長、侍従長、……公式な行事がおこなわれるときにはこんな順序で席がきまるのである。

こんなエラいひとたちが一堂に会することなんかめったにあるまいが、公的な国際会議などがおこなわれるときには外務省の「儀典課」がその主役になる。議長席はきまっているが、参加者にどんな順序で着席していただくかは大問題。国名のアルファベット順、というのがいちばん無難で、国連などもその方式。わたしはユネスコ総会に二、三回出席したことがあるが、アルファベット順だから「ジャパン」(Japan)の両脇はイタリア(Italy)とヨルダン(Jordan)。どうも居心地がよくなくて往生した記憶がある。

だが、そんな機械的な割り振りで席次をきめることのできないばあいのほうがおおい。とりわけ晩餐会《ばんさんかい》といった非公式の場ではじょうずに席順をきめれば会話がはずみ、にぎやかになってたのしいこともあるが、へたな席順にしてしまうと、重苦しい雰囲気になってしまうことになる。外国映画をみていると、二十人たらずの晩餐会でも招待がわのホステスが、AさんとBさんをお隣りにすればゴルフの話題で盛り上がっていいけど、その両脇とお向かいをどうするかが問題ね、CさんとDさんはこのあいだちょっとモメゴトがあったらしいから別のテーブルにしたほうがいいわ、などとメモを片手にあれこれ思案する場面におめにかかる。そんなふうに席次をきめることを「席順つくり」(sitting arrangement)という。これができなければ社交界での一人前のホステスとはいえない。

じっさい、たとえば二十人のお客をもてなすと仮定しよう。対面式の長いテーブルだったら片側十人である。その両側にどんな順序で「席順つくり」をしたらいいか。あるいは四人がけテーブルを五つのばあいはどうするか。こんなめんどうな数式はわたしの能力をこえるが、その順列組み合わせは数万種類におよぶにちがいない。

結婚式の披露宴《ひろうえん》の「席順つくり」なども大作業だ。形式的にいえば両家の親族をわけて、それぞれにいくつかのテーブルを用意すればいいのだが、「親族」といっても、ふだんから行き来の頻繁なひとびともいるし、地方に住んでいてほとんど没交渉というひともいる。きょうだいだから、イトコどうしだから、といった血縁上の親疎から機械的にテーブルを割り振っても披露宴がたのしいものになるとはかぎらない。友人グループだっておなじこと。大学時代の仲間、職場での同僚、そして披露宴に花を添えるために招待される来賓《らいひん》。数十人、ときには百人をこえる雑多な参会者がひとしくくつろげるような「座席表」をつくるというのは至難のわざなのである。

宴会の幹事さんも「席順つくり」で苦労する。部長が正面の「上座」にすわり、その両側に課長、課長補佐、と宮中席次ふうの並べ方なら単純だが、入社年次が古いのにまだ係長、カゲの実力者、といった人物がいるとどこにすわっていただくかめんどうだ。それにふだんのつきあいから、どうも相性のよくなさそうな人物を隣同士にするのも問題だろう。じょうずに席順をきめておけばいいが、そうでないと「座が乱れる」。だんだん自席をはなれて仲のいい連中がそこかしこにかたまってどうにも手におえなくなる。「座のとりもち」は社会学の実践編としてたいへんな作業なのである。

対面コミュニケーションの場での「場所の設計」にもくふうがある。たとえばいっしょにメシを食おうや、といってふたりで食事するとき、テーブルをはさんで正面から対面するのと、おたがい斜め向かいで着席するのとでは気分がまったくちがうことに気がつくだろう。バーで横に並んで、ボソボソと会話という席順が案外役に立つこともある。ある外国のホテルのロビーで上からみたところS字型のふしぎなふたり掛けのソファをみたことがある。首をまわすと相手の横顔がみえるというくふうだが、なにか効用があるのだろう。

精神分析の診療室では患者はゆったりとした背もたれのついた寝椅子に横になり、医師は患者と視線をあわせないようにしながら、質問をする。反対に警察の取調室ではわずか数十センチのテーブルをはさんで担当官と容疑者は正面から相手の目をみて「対決」型の場所が設計される。きびしい尋問には、こんな配置がおそらくいちばんいいのだろう。

ふたりのふつうの会話でも、その位置関係で緊張したり、気楽になったり、さまざまだ。教室や会議室での机や椅子の配置なども、みんなのくふうで、ずいぶんちがったものになる。だれの周辺にも、こうした「座の配置」の実験の場がいくらもあるはずだ。事情がゆるすなら、家具の配置換えをしてみるのもおもしろかろう。会議や宴会の気分と雰囲気はずいぶんことなったものになりうるにちがいない。人間どうしが、どんな場面で、どんな配置でその

「居場所」をつくったらいいのか、は大問題なのである。

わたしたちは日常の場面ではしぜんに指定席をつくって、そこに安住するくふうをしている。とりわけ家庭生活ではだれがどこにすわるかはいつのまにやらほとんど既定の事実としてきまっている。地域によってバラッキはあるが伝統的な農家では、土間からはいったところに囲炉裏《いろり》があって、四季をとわず、そこには火の気があった。中央の自在鉤《じざいかぎ》に茶釜《ちゃがま》がかかっていて、いつでもお茶がいれられるようになっている。そしてその囲炉裏を土間からみて真っ正面に家屋を支える大黒柱があり、その大黒柱を背にした囲炉裏の一辺にムシロか座布団が置かれていて、その「座」を「ヨコザ」といった。ヨコザは「主人の座」。ここは一家のあるじだけの指定席。おおげさにいえば聖域である。

そのヨコザからみて左側の一辺は「カカザ」。その名のしめすように、ここは主婦の座である。ここもきまっている。そしてヨコザの右側の一辺は「キャクザ」。ふだんはこどもたちが並んですわっているが来客があると、そこに招じられる。近所の顔見知りがフラリと立ち寄ったりするときには土間がわの「キジリ」に腰掛ける。行商人などもキジリ。これが囲炉裏の席順の作法なのである。そして、こういう「座の順列」がさらに比喩的に「あるじの座」「主婦の座」といった家族内の秩序や役割をしめすようになったことはいうまでもない。

職制と居心地

第四章でのべたように、いまは法人の世の中である。法人というのは「組織」である。組織には「職制」というものがある。具体的にいえば会社でも役所でも、組織は「局」「部」「課」「係」といった積み木細工のような構造の職階制でつくられている。図式的にいえばピラミッドのようなかたちである。いうまでもなくその頂点にいるのが大臣であり、社長であり、あるいは理事長といった肩書きをもったひとびとである。その職位が上であればあるほどエラい。ちいさなラーメン屋さんでも店長、調理係、フロア担当、皿洗い、といった「職掌」があり、いちばんエラいのは店長である。

そうした「職位分類」(status classification, position classification)はおおきな組織になればなるほど細密化され、それぞれの従業員がなすべき「しごとの内容」(job description)が明記されている。この職階制はそのまま何級、何号という給与表に連動している。付随する諸手当、職権などもぜんぶこのピラミッドの説明書のなかにこまかく書き込まれている。

もっとも、これは古典的な組織イメージであって、現代の先端企業では積み木細工をできるだけ平べったいものにしようという努力がはたらいている。プロジェクト・リーダーひとりを中心に数人単位で「ヨコ」関係をつくって特定の課題に取り組む、といった方式がそれだ。会社の約款のうえでは社長とされているものの、じっさいには「社長室」などというものをつくらず、「社員」といっしょになって開放的なオフィスのなかを飛びまわっているひともいる。それでも、最低の職位分類はある。それにマネージャー、アシスタント・マネージャーなどとカタカナ語をならべてみても実質的には課長と課長補佐のことだったりするから、あんまりおどろくにはあたらない。

その職位表のどこかに、あなたは配置されている。たとえばあなたはスーパーの仕入れ課長である。この部署はむずかしい。数日前から天気予報をみて仕入れを決定する。雨だと客足が遠のくし、気温が一度ちがっただけで売れる食材が変動する。契約農家との折衝もあるし、新商品を置かせてくれ、といって食品、雑貨の営業マンがいろんな商品をもってくるのにも対応しなければならない。在庫管理、店頭での売れ行き、すこしも目が離せない。あっというまに一日がおわって、残業もしばしば。その「居場所」での営業活動への対価としてあなたの銀行口座には月給が振り込まれる。

職種がちがっても、サラリーマンのしごとというのはそんなものだ。それぞれに忙しい。でもそれがあなたの「職場」であり組織上の「居場所」なのである。その「居場所」にはデスクがあり、椅子がある。デスクの上にはパソコンがあり、ヒキダシには鉛筆、消しゴム、定規などの事務用品のほか、私物もいくつかはいっている。気に入った置物やマスコットが飾ってあることもあるだろう。このデスクと椅子という空間は、おおげさにいえばあなたの

「城」である。その左右前後には同僚、部下のだれそれが定位置についている。こんなふうにそれぞれが「居場所」なのである。人事異動があれば、あなたの居場所はかわる。でもいまの部署にいるかぎり、めったにその場所がかわることがない。あなたはそのみずからの「居場所」で毎日、おなじ顔ぶれの仲間と公私ともども、あれこれおしゃべりをしながら一日をすごす。

もちろん職業によって「居場所」はさまざまだ。製造業の設計部、建設業の現場事務所、百貨店の婦人服売り場、鉄道会社の運行司令室、病院の受付、大学の実験室……思いつくだけでも「居場所」の種類と数はいくつあるかわからない。公的な職業分類では、いまの日本には合計三万五千ほどの職業があるというが、もっとくわしく現実をながめてみたら、さらにふえるかもしれない。じっさい中世日本の「諸職」をあつめた『七十一番職人歌合《うたあわせ》』をみると、文字通り七十あまりの職業がそれぞれの「座」をもっていたことがわかるが、ここにある七十一というのはあくまでも代表的な職業であるにすぎず、あの時代にも、もっとたくさんの職業があったにちがいない。「社会的分業」はかなりむかしから進行していたのである。

それらの「居場所」が「居心地」のいい場所であるかどうか、はひとによってちがう。それに、第二章でみたように、「相性」というものがある。好ききらいがある。だから相性のいい人間たちがあつまって正規の組織とはべつにしぜんとグループができるのも無理はない。そのようにしてできあがるグループのことを「派閥」という。おおきな政党にも、大企業にも、大学などにも派閥がある。だが「閥」の根底にあるのは単純な好ききらいだけではない。思想・信条をともにする仲間も「閥」をつくるし、おなじ学校の卒業というだけで「学閥」ができることもある。金銭や地位をめぐっての損得勘定で「閥」ができる。いまではあんまり耳にしないが出身地をおなじくする「郷党閥」がかなり隠然たる勢力をもっていることがある。明治以来、日本の政治や軍事、とりわけ陸軍を支配してきた「長州閥」などはその典型だろう。他の派閥を意識するから、ときに緊張することもあるが、なんらかの「閥」にはいっていれば、そこもまた居心地のいい居場所かもしれない。

職場での「居心地」がよくないひと、いや居心地がそんなに悪くないひとだって、それぞれの家庭にはくつろぐことのできる居場所があるだろう。たとえ1LDKのちいさな住居でも、ほっとすることのできる一隅のじぶんの場所。そこで足を投げ出してテレビをみていると心身ともに休まる。職場での「居場所」とは異質の、ほんとうの安定した「居場所」は我が家なのかもしれない。「せまいながらもたのしい我が家」というではないか。事情あって、我が家も居心地がよくない、というひともいる。あるいは「ひとりにしておいてくれ」といいたくなるときもある。

だがべつだん悲観するにはおよばない。「第三の居場所」もあるからだ。たとえばバー、クラブ、カフェ、料亭など。古くは茶室のようなものもあったし、西洋では十八世紀からコーヒー・ショップがあった。イギリスでは会員制のクラブがあり、中流以上の紳士たちはそこでゆっくりと時間をすごした。R・オルデンバーグ（Ray Oldenburg）の『すばらしい居場所』（***The great good place***）などはその「第三の居場所」についての研究であった。

じっさい、わたしたちの生活時間のなかで「第三の居場所」ですごされている時間は貴重である。ふと会った友人知己のだれそれには、ちょっとお茶でも、といって声をかけあう。居酒屋、バーのたぐいには「常連」がいつのまにかあつまっておしゃべりをしている。「常連」というのはもともと劇場や寄席の用語で、会費を払って席を独占していたヒイキ仲間のことだった。いわば指定席買い切り、あるいはシーズン・チケットということである。いまの相撲のマス席、野球のボックス席などはそのなごりだろう。前章でみた「連」の延長としての「常連」がいまでは繁華街の飲食店などに形成されているから、フリのお客にはシキイが高い。一説によるとパリのカフェ・ドゥ・マゴにはサルトルが毎日のように通い、かれの「指定席」にはだれもすわることができなかったという。

いずれにせよ、わたしたちは「第三の居場所」をそれぞれにもとめているのである。知識や技能を習得しようとしてカルチャー・センターのようなところに通うひともいるし、囲碁、将棋、マージャン、カラオケなどにあつまるひとびともいる。興味によって参加できるNPOもある。そこであたらしい仲間ができれば、それが生きがいになる。「居場所」はそれぞれのくふうで発明することもできるのである。

疎外――居場所のないひと

カポーティの『ティファニーで朝食を』は奇妙な小説だ。主人公ホリー・ゴライトリーは自由奔放な女性。相手の男もさまざま、行動は異常、南米にいったというウワサもあるが、結局、彼女そっくりの人物が原住民といっしょにいる写真がアフリカでみつかった、というがそれもさだかではない。彼女のニューヨークでのアパートの郵便受けには「ホリー・ゴライトリー〝旅行中〟」という名札が貼り付けられている。ホリーはつねに「旅行中」なのである。アパートにいることが多いが、どこにいっているか不明のこともすくなくない。要するに放浪者なのである。「居場所」をもたない人物なのである。

「放浪」ということばを耳にしてすぐに連想するのは林芙美子《はやしふみこ》の『放浪記』である。この自伝的作品によれば、主人公の父は衣料品の行商人、母は鹿児島の温泉宿の娘。駆け落ちして下関《しものせき》にたどりつき、そこで主人公を生んだ。だから「私は宿命的に放浪者である。私は古里を持たない。……故郷に入れられなかった両親を持つ私は、したがって旅が古里であった」。林芙美子も、ホリーも、「居場所をもたない」ひと、あるいはそもそも「居場所」などというものに関心をもつことのなかったひとだったのである。

ふつう、わたしたちはどこかに「定住」している。それが六畳一間のアパートであろうと、宏壮な大邸宅であろうと、どこかに「住んで」いる。「住む」ということは「居場所」があるということだ。なにかにつけてわたしたちは「住所、氏名」によってじぶんの存在証明にする。

しかし「住所」をもたないひともすくなくないのである。第一章で紹介したシカゴを中心とした「ホーボー」はあの調査がおこなわれた二十世紀はじめに十万人ほどだったといわれているが、その後は増加するいっぽう。経済的理由からテントやバラックで生活をするスラム街の住人も世界あちこちの大都市ではめずらしくない。いわゆる「ホームレス」である。居場所をもつことを積極的に拒否するひとびともいた。たとえば、中世以来、「世捨人《よすてびと》」という生き方をえらんだ人物がそれである。「出家遁世《とんせい》」という道をえらび、定住することなく「隠者」として生きたひとびともいた。一遍《いっぺん》上人のように念仏を唱えながら、日本国中を歩きつづけた宗教者のことも忘れてはならない。

西洋にも、たとえばジャン＝ジャック・ルソーのような人物がいた。ルソーは『社会契約論』などの著作で活動したが、その晩年はパリ郊外に隠居して、心に映ずるさまざまな想念をあつめて『孤独な散歩者の夢想』を書いた。アメリカの思想家ヘンリー・ソローはボストン近郊のウォルデン湖畔に丸太小屋を建て、自給自足の生活をいとなみながら『森の生活』を執筆した。中国にいたっては「竹林《ちくりん》の七賢」をはじめ、かぞえることができないほどたくさん「隠者」をうんだ。老荘の思想だって、隠者の哲学といえないこともない。

それにくわえて「旅行中」が職業であるようなひとびともいる。たとえば旅芸人。日本には中世以降、熊野比丘尼《びくに》、盲僧琵琶《もうそうびわ》、瞽女《ごぜ》、放下僧《ほうかそう》、三河万歳《みかわまんざい》、毛坊主《けぼうず》、鳥追い、その他もろもろの「放浪芸」があった。かれらは、それぞれの営業範囲をもちながら、そのなかを巡歴し、その人生の大部分を旅先ですごした。いや「旅先」という観念じたいが、かれらの生活を表現するのにふさわしくない。かれらには「旅」それじしんが生きることを意味していたからである。その伝統はいまもなお健在である。こうした芸能の世界での放浪はいくつものの文献に記録されているし、昭和初年のわたしのかすかな記憶のなかにも家々をまわるいろんな「門付《かどづ》け」の芸人のすがたがのこっている。かれらもまた住所不定のひとびとであった。

その理由や事情はともかくとして、こんなふうに居場所のない人間は「定住」している大多数のひとびととはかなり異質である。その生活様式が根本的なところでちがっているようである。安定した居場所をもってたのしそうに暮らしているひとびとのすがたをみながら、「居場所のない人間」は、みずからを「ヨソ者」のように感じるかもしれない。気取っていえば「異邦人」。そのことを英語では「エイリアン」（alien）という。SF映画などでは「宇宙人」といった意味でつかわれる。みずからを「異邦人」であるかのように感じること、つまり「異邦人感覚」のことを「エリエネーション」（alienation）という。

その「エリエネーション」が現代日本語では「疎外」といういうめんどうくさい漢語に置きかえられた。文字で書いたり、ことばを耳にしたりすると「疎外」というのはなにやら深刻なことのようにきこえるが、なんのことはない、おれは世間からずいぶんズレているような気がする、といったほどのことであるにすぎない。友人がたくさんあつまって、おおいに座が盛り上がっているのに、どうも話題についてゆけないし、仲間はずれにされているような不快感、不安、そうした「ヨソ者感覚」が「疎外感」なのである。居場所を失った人間たちは、その疎外感をほとんど慢性的にもっているのだ、といってもいい。

みんなから無視されているような、あるいはひとりぼっちでタヨリないような感覚はだれでも感じることがある。とりわけまったく見知らぬひとびとの群れのなかに放り込まれると孤独感と不安がおしよせてくる。学校にはいったばかりの新入生、はじめて出社した新入社員なども、あたらしい友人ができて、じぶんの居場所がさだまるまで、しばらくのあいだ、程度の差こそあれ「疎外感」を味わうはずである。

こうした居場所のない状態、あるいは居場所をみつけることができないでいる状態は「ひきこもり」だの「いじめ」だのといった社会問題にもつながってくるが、同時に、ひとりぼっちになった状態のなかでみずからを見つめなおす契機になるかもしれない。山あいの鄙《ひな》びた温泉をひとりふらりと訪ねて、日常から離脱したい、といった衝動をもつことがあるのは、ことによると「居場所喪失」への欲求なのかもしれないのである。

「居場所喪失」が絶望的で悲惨な状況を生みだすこともある。どこにも行き先のない恋人たちをえがいた『心中天網島《しんじゅうてんのあみじま》』からミュージカル『ウエスト・サイド・ストーリー』にいたる悲劇を思いだしてみてもよい。さらにちいさな島嶼《とうしょ》のひとびと。人口数千にも満たないせまい島ではみんなが顔見知りである。ふだんの生活は平穏だが、いったん重大事件が起きて、その当事者が特定されると、そのひとは逃げ場所がない。どこにいっても白眼視され、物理的にも心理的にも「身の置き場」がなくなってしまう。そういうひとに残された手段はただひとつ。みずからを抹殺することである。かれはだれも見ていない時間に海岸にでて、二度と帰ることのない「遠泳」にでる。自殺である。一見したところ、のびやかな楽園にみえるメラネシアのティコピア島でこうした自殺率の高さを発見したレイモンド・ファース(Raymond William Firth)の書物を読んで、わたしは「居場所のない」状況の極限をみたような気がした。その記述は詩的でさえあった。

アジール──居場所のないひとの居場所

さきほどわたしはドヤ街だのホーボーだのといった一連の「居場所のないひと」のことをのべた。そんなふうに世間からはじき出されてしまったひとびとのことを「逸脱者」(deviant)と名づけた学者もいた。しかし、よくかんがえてみると、こんなふうに世間から離脱してしまったようなひとびとには、かれらだけがつくるもうひとつの「居場所」がある、ということに気がつく。アンダーソンがえがいたホーボーにはかれらなりの集合場所があり、そこでの生活のルールがあった。当時のシカゴのジェファーソン公園などはその典型で、ホーボーはここで自慢話をしたり、情報の交換をしたりしていた。かれらによって占拠されたこの公園には、「善良な市民」は寄りつかない。薄気味わるいからである。

そういう場所は世界じゅうどこの大都会にもある。あそこは危険だから行かないほうがいい、と市民や警察から注意される地域である。そういわれれば、だれにも心当たりがあるだろう。たしかに都市というものはすべての市民のものである。どこにでも自由に往来する権利がある。しかし、その一部は「居場所のないひとのための居場所」になってしまっているのだ。そういう場所のなかには「スラム」とか、ときには「魔窟《まくつ》」などというありがたくないことばでよばれている「場所」もある。

当然のことながら、自治体や政府はそういう場所を「清潔」にしようとする。前章でみたように国家というのはわたしたちの行動を規制する最大の法人だから、その規範にしたがってその時空間のなかで合法的な居場所を国民に保障しようとするが、その権力はかならずしもすべてを完全に管理できるわけではない。ブルーシートの立ち並ぶ「違法」行為を排除しようとしても、そういうこころみは不毛であることがおおい。

「居場所のないひとのための居場所」の古典的な事例はドイツ語でいうAsyl。カタカナ表記では「アジール」。これはむかし、犯罪人を保護した教会の避難所のことを意味する。ここに逃げ込めば政府権力もおよばない。ホーボーの暮らす地域に教会の経営する給食施設があるのはそのなごりであろう。日本でもいくつかの寺社、とりわけ仏教寺院は犯罪者や事情あって居場所のないひとびとを収容した。政府権力も、いったんアジールに逃げ込んだ者を逮捕することはできなかった。家康の時代、三河の一向一揆《いっこういっき》で追われた信者たちは真宗の寺院によって保護された。鎌倉の東慶寺《とうけいじ》、上野《こうずけ》の満徳寺《まんとくじ》などは幕末までアジールとして機能していた。俗に「駆け込み寺」というのがそれである。男の暴力などで逃げ場のない婦人は「駆け込み寺」にゆけば保護してもらうことができた。「縁切り寺」もそうだ。

そればかりではない。寺社は寺社奉行の管轄下にあったから、治外法権の空間で、そのなかでしばしば博打《ばくち》がおこなわれていたこともおもしろい。富籤《とみくじ》の発行も寺社だけに認可されていたし、賭場《とば》があったりしたことは、いまも「テラ銭《せん》」ということばがのこっていることからもあきらかである。また、まえにみたように「座」をひらくことのできたのが寺社の境内だったのだから、「居場所」を喪失し、あるいは放棄したひとびとの逃避先として宗教施設は役に立った。こうした日本のアジールについては網野善彦《あみのよしひこ》の著作がくわしい。

そして、国家権力がどんなに懸命になって排除しようとしても、居場所のないひとびとの犯罪集団はあちこちにできあがる。そのなかで最大のものは、一般に「反社会的」集団として知られる暴力団その他の非合法組織である。その典型は通称「マフィア」として知られている「コーザ・ノストラ」であろう。この団体は十九世紀のイタリアの政治的不安に乗じてつくられた「恩顧・庇護《ひご》主義」を軸にした結束の固いもので、イタリア本土からはなれたシチリア西部からはじまった。さまざまな理由で圧迫されたり、困窮したりしたひとびとはこの団体にすがりつけば「ファミリー」の一員として庇護をうけることができる。そのかわり、その団体意思から命じられればそのとおりに行動しなければならない。

かれらの一部はアメリカに移民しておなじ組織をつくった。なかでも有名なのはアル・カポネを首領とするシカゴのギャング団。カポネはイタリア移民の二世だがシチリア出身でなかったためマフィアという「郷党閥」に加入することはできなかったが、マフィアの最高幹部ラッキー・ルチアーノに認められ、シカゴを中心とするあらゆる非合法活動の指揮をとった。折からの禁酒法に目をつけてカナダからのウイスキーの密輸、売春、賭博《とばく》、暗殺、贈賄《ぞうわい》など、さまざまな手段で「暗黒街」の支配者になった。その手下とのあいだには「恩顧・庇護」関係がむすばれ、かれの統率するギャング団は「居場所のないひとの居場所」になったのである。

中国で清《しん》朝末期に登場した「青幇《チンパン》」もまた世界的に有名な秘密結社である。これは江南《こうなん》地方から北京《ペキン》へ米を運ぶ運河の船頭や水夫が北から南への戻り便で塩やアヘンを運搬して密売していたグループのこと。政治的には満洲《まんしゅう》族の支配する清朝に対抗する漢民族の愛国運動のような側面ももっていたが、やがてイギリスによるアヘン密売からうまれたアヘン戦争で清朝が崩壊してからは上海《シャンハイ》を拠点にした秘密結社に変貌《へんぼう》した。「幇《パン》」というのは仲間といった意味で、上海には七つの「幇」があったが最終的には青幇が残り、暗黒街の支配者になった。青幇はフランス租界の娯楽施設「大世界」を経営して巨万の富を築き、その頂点に立った杜月笙《とげつしょう》は上海はおろか華僑《かきょう》社会にまで知られた有名人。中国全土のアヘン流通を支配するようになっていたといわれる。

日本の「指定暴力団」もおなじような側面をもっている。マフィアの「恩顧・庇護」原理はここでは「親分・子分」ということばでよばれる。第四章でみた「タテ」関係がここでは絶対的な原理だ。暴力団はかつて「やくざ」という名で知られた非合法集団の現代版。かれらはふつうの「世間」に所属するふつうの人間を「カタギ」として区別し、「カタギ」とかかわらないことを行動原理としていた。

江戸時代にはこんにちの住民票にあたる「人別帳《にんべつちょう》」があって、それぞれの人間の身元はあきらかになっていたが、ときに、人別帳に記載のないひとがいた。それを「無宿人」といい「渡世人」ともいった。だが、その無宿人だって集団になればそこには「もうひとつの世間」ができあがる。べつなことばでいうならば、通常の世間に居場所がなくても「もうひとつの世間」ではしかるべき「居場所」を確保することができる。国家によって公認されていない「反社会的集団」もまた別個の「社会」であり「世間」なのだ。「こちらの世間」で居場所のない人間も「もうひとつの世間」のなかでは安定した居場所をもっているかもしれないのである。

このような「もうひとつの世間」、つまり「居場所のないひとの居場所」として公認、あるいは黙認されてきた例もある。たとえば遊廓《ゆうかく》。むかし「赤線《あかせん》」とよばれていたのは、一定地域を地図上で赤鉛筆で線引きしたからだが、売春禁止法以後のことばでいえば「風俗営業等の規制及び業務の適正化等に関する法律」にさだめる「性風俗関連特殊営業」などの集中した地域。洋の東西を問わず、こうした地域にはすくなからず暴力団の力がおよんでいて、飲食店などから「みかじめ料」という名の私的徴税をおこなっていて、いくら取り締まりをしても効果があがらない。これもアジールの延長だからなのである。

【さらに読むといい本】

鶴見和子《つるみかずこ》『漂泊と定住と』筑摩書房・一九七七

これは著者による柳田國男研究の論集で、さいごの章が「漂泊と定住」になっている。題名のしめすように、農民的な定住者と放浪の日々をおくる漂泊者を対比した卓越した論文である。合計十章にわたる論考は柳田研究の成果であると同時に、この本は日本民俗学へのすぐれた招待状である。

小沢昭一『放浪芸雑録』白水社・一九九六

一千ページにおよぶ大著で値段も高いが、しっかりした公共図書館、大学図書館でなら閲覧可能。この本の特色は著者がみずから大道芸、門付け芸などの「放浪芸」を文献によってではなく、みずから体験し、それらの芸能者とともに行動しながら記録したものであることだ。CDも販売されている。もうすこし簡略にしたものにおなじ著者による『芸能と社会』（白水社・一九九六）もある。

網野善彦『無縁・公界《くがい》・楽』平凡社・一九七八

日本の中世社会での寺社のなかにアジールとしての役割を発見したのは平泉澄《ひらいずみきよし》だったが、その学統をうけついで中世史を見直す作業を精力的におこなったのは網野であった。その著作には学ぶところがきわめておおきいが、アジールとその周辺を論じたのはこの書物に収録された諸論文である。必読の書といってもいい。

Robert Sommer: *Personal Space; behavioral basis of design*. Prentice-Hall. 1969.

人間の行動のなかでみられる「個体空間」について観察、考究し、空間デザインを論じた古典的名著である。題名のしめすように、観察記録を基本にして家具や建築に「個体空間」の特徴をどのように応用するかについての興味深い実例が多い。英語はそんなにむずかしくないし、厚い本ではないから一読されることをおすすめする。ヒマがなければ第二章だけでも。

加藤秀俊『空間の社会学』中央公論社・一九七六

若いころから地理学者や建築家と交際があったものだから、空間についての問題には興味をもってきた。この本は人間と空間についての論考をあつめたもの。この章でとりあげた問題と直接に関係するものはすくないが、旧著回顧という意味であげておいた。

第六章　自　我——人生劇場

義理と人情

友人の運転する車に同乗して、地方の道路をドライブしていた。交通量もゼロにひとしく、対向車も後続車もいない。あなたは助手席にすわって友人と雑談している。

そこに、突然、道路沿いの森のなかからひとりの男が飛び出してきた。友人は急ブレーキをかけた。衝撃で、あなたも軽いむち打ち症にかかったみたい。車は男にちょっと接触しただけで停止した。しかし、わずかな接触でも男は道路上に倒れている。さっそく警察に電話をかけると救急車も飛んできた。

さいわい被害者は全治一週間という軽症。双方不注意、ということで民事的には簡単な示談ですんだが、交通事故で警察に連絡したものだから刑事的には「過失運転傷害」というのが適用され、あなたの友人は「前方不注意」ということで調書をとられることになった。そしてこの一連の事件の取り調べのなかで、あなたも証人として警察から事情聴取をうけることになった。警察官はあなたに「事件当時、車は制限速度で走っていたか」と質問する。たしかに、ちょっとスピードをだしすぎていたことには気がついていた。

そこであなたの立場である。もしもみずからの記憶をたどって法定速度をオーバーしていたようだ、といえば「前方不注意」にくわえて「速度制限違反」という罪が加算される。ふだんなら五キロやそこら、だいたいお目こぼしになるのに、事故だからめんどうだ。あなたの答えしだいで友人の運命はかわる。さあ、どうするか。

じぶんがみたとおり、正直に速度超過があった、と答えれば友人の交通違反項目はもうひとつふえてキップの点数は重くなる。逆に、いいえ制限速度内でした、といえば罪は軽くなる。あなたは法律に忠実な市民として行動するか、さもなければ友情に殉《じゅん》じてウソをつくか、ふたつにひとつ。おおげさにいえば、あなたのひとことで友人の運命がきまる。

ずいぶん長々と仮定の事件をしるしてきたが、これは一九五〇年代のハーバードでタルコット・パースンズ先生の学部学生のクラスでディベート用に提示された問題である。学生たちは、このふたつの立場に立って議論を展開した。わたしは大学院生として傍聴していたのだが、いま思いだしてもおもしろい授業だった。もし正直に行動したら友人がかわいそうだ、友情にヒビがはいるかもしれない、とひとりの学生がいうと、いやそうじゃない、このさい正直に警察に協力して、それで気まずくなっても法治国家での市民の義務のほうがだいじだ、という反論がある。

このディベートを進行させさせながらパースンズ教授はそれを理論的に整理して、法を優先させる立場は「普遍主義」(universalism)であり、特定の友人との人間関係のほうをだいじにするのは「個別主義」(particularism)というものだ、どちらが正しいとは判定できないが、人間、だれでもこれに似たジレンマにおちいることがあるだろう。それを「役割葛藤《かっとう》」(role conflict)という、と解説なさった。なるほど、と若き日のわたしは感心し、ここではじめて「役割葛藤」ということばをおぼえた。

そして、このディベートをききながらわたしの脳裡《のうり》をかすめたのは、はるかむかし母国日本の小学校の教科書で習った平 重盛《たいらのしげもり》の逸話であった。念のため復習しておくと、平家の横暴を苦々しくおもっていた一味が鹿ヶ谷《ししがたに》の俊寛《しゅんかん》の別荘にあつまり、クーデターを計画する。後白河《ごしらかわ》法皇も同席なさっていた。それを知った清盛《きよもり》は参加者の処罰を決意し、俊寛は島流しになる。さらに後白河も即刻逮捕して幽閉しようとする。すでに出家して坊主頭になっていた清盛は法衣の下に鎧《よろい》を着用して臨戦態勢。そこに息子の重盛がやってきて父親を懇々《こんこん》と諭《さと》す。その場面を『平家物語』からそのまま引用するとこうである。

悲《かなしきかな》哉、君の御ために奉公の忠をいたさんとすれば、迷盧《めいろ》八万の頂《いただき》より猶《なお》たかき父の恩忽《たちま》ちに忘れんとす。痛《いたましきかな》哉、不孝の罪をのがれんと思へば、君の御ために既《すでに》不忠の逆臣となりぬべし。進退惟《これキワマ》谷れり。

これが頼山陽《らいさんよう》の『日本外史』では有名な「忠ならんと欲すれば孝ならず、孝ならんと欲すれば忠ならず、重盛の進退ここにきわまれり」という名文になる。皇室にたいする忠義を優先させれば親不孝になる、さりとて父親に孝行しようとすれば皇室からうけた恩を裏切ることになる。重盛、おおいに悩むのである。これこそ「役割葛藤」ではないか。

通俗の例でいうと「義理と人情の板挟み」というのがある。枚挙にいとまがないが、忠臣蔵でいえばお軽勘平《かるかんぺい》の別れ。ご用金五十両を用意するのは勘平の「義理」である。さりとて、それだけのカネはない。やむをえず女房のお軽を遊里に身売りしてご用金を調達する。「人情」からすれば耐えがたい悲劇である。「義理」と「人情」はしばしば両立できないのである。『心中宵庚申《しんじゅうよいこうしん》』『伊勢音頭』、浪曲《ろうきょく》では『血煙荒神山』、さらに落語では『品川心中』など「義理・人情」抜きに日本の伝統芸術は語ることができない。はじめに紹介したパースンズの授業なんかひきあいにださなくても、日本の古典を読めば「役割葛藤」のなんたるかはサラリとわかるのである。

西洋の文学だって「役割葛藤」だらけ。『ハムレット』『椿姫《つばきひめ》』『ボヴァリー夫人』……思いだすだけでもキリがない。みんな「義理・人情」物語ではないか。極論すれば東西を問わず近代文学は「役割葛藤」を主題にして成立している、といえないこともない。

あちらを立てればこちらが立たず。あなたの職場でも、学校でも、身辺でそんなことはしょっちゅう発生しているだろう。老親の介護と職業上の義務とが両立できない。複数の取引先から類似の条件をだされて、どっちに発注すべきかに悩む。すべて「役割葛藤」である。おたがい、そんな葛藤をかかえて毎日をすごしているのである。「葛藤」のない人生などあるはずがない。

その「役割」によってあなたの態度や行動はかわる。親としてのあなたはほほえみをもってこどもに接するだろう。こどもとしてのあなたは両親の介護が気になるだろう。社員としてのあなたは上司から起案文書の一部の手直しを命じられるだろう。国民としてのあなたは特定の候補者に投票するだろう。いろんな役割があなたにはある。それらの役割はいずれも重要だ。そのあまたの役割のあいだを移動しながら、あなたの一日は、そして人生はすぎてゆくのである。こっちの役割からあっちの役割へ、「役割移転」（role transfer）をわたしたちはくりかえしているのである。

むかし江戸川乱歩《えどがわらんぽ》に『怪人二十面相』というのがあって、わたしなどの世代の者は雑誌『少年倶楽部』の連載を読み、名探偵明智小五郎《あけちこごろう》との対決を手に汗をにぎって愛読した。けっして「怪人」ではないがわたしたちもまた、いろんな「面相」をその場その場でつかいわけているのであるのかもしれない。

仮面の世界

いまわたしは「怪人二十面相」をひきあいにだしたが、その延長線上にあるお面をかぶった英雄は「仮面ライダー」「月光仮面」など一連の「仮面」マンガであろう。その正体があきらかなこともあるし、まったくの「仮面」だけで正義の味方、というのもある。「仮面ライダー」などは物理的な仮面をかぶっているから、だれがだれだかわからない。正体不明なのである。

これらの仮面は物理的には「お面」という商品である。身近なところでいえば縁日のオモチャ屋さんが所せましと陳列しているビニール製のお面。むかしはおかめ、ひょっとこ、天狗《てんぐ》の面、と相場がきまっていたが、いまではドラえもんだのパンダだののお面も売っている。それをかぶると、だれだかわからない。それがおもしろいからこどもはお面であそぶ。「仮面」の問題はこどものあそびにとどまるものではない。いやそれ以前にかなり重要な存在でありつづけてきているのである。たとえば日本の古典芸術、能面。能面が翁《おきな》、尉《じょう》、鬼神、男、女、と五つに分類され、さらに多様化していて能舞台で神秘的な華やかさをみせてくれるのはご承知のとおり。ちょっと古い世代の人間なら「能面」といえば岡本綺堂《おかもときどう》の『修禅寺《しゅぜんじ》物語』をすぐに連想するかもしれない。仮面をかぶることで「ヒト」はその正体をかくしたり、別人格になったりすることができるのである。

西洋には「仮面舞踏会」というのがある。これは中世ヨーロッパ宮廷ではじまり、有名な「ヴェネツィアのカーニバル」をはじめ上流社会のなかで流行しはじめた。貴族たちがみんな凝りに凝った仮面や仮装であらわれるのだから、だれがだれやらわからない。そのごちゃごちゃになった人間関係を題材にヴェルディの『仮面舞踏会』、シュトラウスの『こうもり』などオペラの傑作もうまれた。「仮装舞踏会」のことを英語ではmasqueradeという。カーペンターズの「マスカレード」という名曲を思いだすひとがあるかもしれない。

仮面・仮装で正体をかくす、という主題はさまざまなかたちで現在もわれわれの身辺にころがっている。さきほどわたしは「仮面ライダー」にふれたが、大衆芸術のなかでその原型になったのはおそらくアメリカのマンガ「スーパーマン」であろう。主人公は宇宙からやってきた異星人。それがクラーク・ケントと名をかえて、ふだんは実直な新聞記者。しかし重大事件がおきると突如《とつじょ》空飛ぶスーパーマンになって悪漢を退治するという物語。マンガはもちろん映画でもおなじみの英雄である。その延長線上に「バットマン」あり、「スパイダーマン」あり、にぎやかなことだ。

こうした「仮面」はほうぼうの未開社会にもみられる。わたしの直接的経験ではニューギニアの山間諸部族。むかし、セピック川中流の村で茶色、黒、白で彩られ、目玉は貝を埋め込んだ高さ一メートルほどの巨大な面を入手して帰ってきた。いまもわたしの書斎の壁の片隅に掛けてある。おなじように儀式のときなどに仮面をつける習俗はメラネシア一帯に分布しているようだし、カリビアン諸島にもあるときいた。アフリカの部族にも素朴大胆な仮面があって、ピカソその他の現代芸術家がこうした原始芸術に強烈な刺激をうけて制作活動をおこなったことはよく知られている。

「仮面舞踏会」では「仮面」によって正体不明の存在に「変身」するだけではなく服装や持ち物まで、すっかりとりかえて別人になってしまう。魔神に化けるのもいるし、貴婦人が小間使いの格好をするのもある。おたがいだれやらわからないから、世界がすっかりかわってしまう。

西洋では秋の収穫祭に「ハロウィン」のお祭りがある。これは古代ケルトの原始宗教に端を発した行事で、この日には死者の魂が現世にもどってくるという信仰のなごり。キリスト教からみれば「異教徒」の行事。アメリカ中西部のバイブル・ベルトでは「ハロウィン」ときくと「異教徒」といって苦々しい表情をみせる敬虔《けいけん》な老人たちがいたが、衆寡《しゅうか》敵せず、こどもたちは魔女になったりガイコツのシャツを着たりして家々を巡回してお菓子をもらい歩いていた。それが突如として日本に上陸し、機動隊が出動するほどの年中行事になってしまった。

日本では京都の祇園《ぎおん》、宮川町《みやがわちょう》、上七軒《かみしちけん》などの花街で芸子さんの「お化け」行事があった。これは毎年、節分の日に彼女たちがふだんとまったくちがう服装でお座敷にでるという魔除《まよ》けの行事だったし、日本には江戸中期から、たとえば花見の趣向などの需要にこたえて変装用の衣服の貸衣装屋があった。そのありさまは落語の「花見の仇討《あだう》ち」などでおなじみ。「変装文化」とでもいうべきものは大衆文化の伝統だったのである。

それが日常化して現代に出現したのが「コスチューム・プレー」、略して「コスプレ」。マンガやSFと連動して二十世紀末からはじまったものだが、日本での流行は世界的に有名になりCosplayという単語は外国語の辞典のなかにもはいるようになった。変装用の衣《い》裳《しょう》や小道具はどこででも手にはいる。

だが、「コスプレ」によって代表されるような変身願望の根源にあるのが「役割」問題であることに注意しよう。平々凡々の毎日を送っているサラリーマンが変装すればスーパーマンになり、ラーメン屋のオネエサンが白雪姫になる。まことに奇抜だが、ほんのひととき

「ヒト」は「別人」になったような錯覚を感じることができるのだ。二十一世紀のこんにち京都の祇園界隈《かいわい》では貸衣装屋さんが軒をつらね、外国からの観光客が着物を借りてひとときの「日本人」経験をしている。「仮面舞踏会」はいまや大衆文化の一部になっているのだ。

しかし、よくかんがえてみれば、ふつうの生活も仮面かぶりの連続としてみることもできる。たとえば不満なこと、納得のゆかないことでもわかったフリをして行動する。これを「面従腹背」という。歌謡曲でいえば「顔で笑って心で泣いて」の心境である。その「フリ」というのも心理的な「仮面」というものなのではないか。「お世辞笑い」「ソラ涙」「お追従」「おべっか」……みんな「仮面」である。

「フリ」というのは「ウソ」ということである。結婚式の披露宴では来賓が新郎新婦は優等生と才媛《さいえん》と例外なくおっしゃるが、そんなことはあるまい。それをさも天下無類のカップルのごとくに賛辞を惜しまないのはお世辞である。そんな見えすいたことがゆるされ、一同、うなずいているのはすべてが「お芝居」だからである。お芝居のセリフならウソであるのがあたりまえ。

ハワイのピジン英語に「シバイ」という語彙がある。もちろん日系人が持ち込んだことばだが、事前に根回しができていて、慎重審議の結果、などと発表するのは「シバイ」である。ハワイ・ローカルとはいえ、ちゃんと英語の語彙として組み込まれているのだから「シバイ」は世界共通に理解されるものといってよい。われわれはおしなべて演技者なのである。心にもないことを口にして世渡りをしているのである。シバイで生きているのである。シバイのない人生などあろうはずがない。

演技する人間

演技者ということは「役者」ということである。せまい意味での「役者」は芸能界のものだが、ひろい意味ではわれらすべてが多かれ少なかれ「役者」なのである。おおげさにいうなら、「ヒト」と「ヒト」とが接するところ、かならず演技があり、わたしたちは役者としてふるまう。たとえばデパートの販売員、レストランのウェイター、飛行機の客室乗務員、といった接客を職業とするひとびとはお客には笑顔で接するが、あれは「職業的微笑」である。ほんとうは不平もあるし、あれこれ悩みをかかえていても接客現場に立っているかぎり、ほほえみを忘れない。それだけの演技力がなければ対面サービス業につく資格はない。

テレビ、ラジオのアナウンサーはデスクのつくった文章をそのまま読み上げる役者である。コメンテーターというわけ知り顔の人物がいろいろと論じておられるが、あれも原稿あっての解説である。あたかも自然に話しているかのごとくにみえて、かれらもまた役者なのである。ヘタなアナウンサーや解説者は、手元の台本をチラチラ盗み見しながら口をうごかしているからすぐわかる。

官僚用語のなかには「振り付け」ということばがある。これはいろんな審議会、委員会などの進行表のこと。担当事務局が会議のまえに発言の所要時間まで書き込んだ「台本」を用意しておくのである。その「台本」は議長席に置いてあって、議長のセリフ部分は蛍光ペンでシルシがついている。議長という「役者」がそれにしたがって読み上げてゆけばめでたく予定時間どおりに会議は終了し、事業計画が策定されたり、大臣への答申書ができあがったりする。委員たちも、「台本」どおりにうごく。世間は政府審議会などというものは議論百出、丁々発止《ちょうちょうはっし》の連続だろう、とおもっているがさにあらず。実態は右のごとき「シバイ」なのである。そのシバイの台本つくりに担当のお役人は忙殺される。主要官庁の窓の灯りが深夜におよぶゆえんである。

地方議会から国会にいたる、あらゆる議会にも台本がある。質疑応答、というから各人、自由に問い、かつ答えるのかとおもったらおおまちがい。あれもぜんぶ事前にお膳立《ぜんだ》てができている。どんな質問をするか、それにどんなふうに答えるか、すべて官僚がセリフつきの「振り付け」をしてくれている。事前通告をうけていない質問には答えない、というのが慣習なのである。議論が紛糾すると担当大臣はすぐ後ろに控えているお役人をふりむき、メモをうけとり、小声でささやきあってからこれこれしかじか、と答弁する。メモの棒読みである。はっきりいって操り人形のごとくである。それで町村から国にいたる事業や予算がきまってゆく。ほんとうの「自由な討議」など政治の世界には存在しない。

民間の大手企業の役員会なども似たりよったりのことがしばしばである。とりわけ常勤の役員がすくなく、非常勤の兼任の多い企業だとあんまり社業についてくわしいひとはいないから、質疑応答などめったにない。すべて台本どおり。株主総会でも綿密な台本がつくられていて、あらゆる想定問答が用意され、必要資料は舞台裏に陣取った総務課の職員たちが準備万端ととのえている。どんな質問があっても担当役員は立て板に水。スラスラと答える。いまはなくなったようだが、むかしは「総会屋」というウラの黒幕がいて総会をシャンシャンと仕切ることもめずらしくはなかった。

演技というのは虚構ということである。ウソということである。ウソつきでなければ世間をわたることはできない。その意味でわたしたちはことごとく多少ともウソつきなのである。いつでも演技して人生をおくっているのである。じっさい、世間では、あのひとは「ウラオモテのないひと」だといって正直一筋の人間が賞賛されたりするが、ウラオモテのない人間なんているはずがない。いってしまえばミもフタもないはなしだが、われわれの暮らし万般、演技であり、シバイであり、ウソでかたまっているのではあるまいか。

なぜ、こんなにまでして演技をつづけ、ウソをつくのか。それはみずからの存在を世間から認めてもらいたいからである。さらにできることなら、好意をもってもらいたい、注目をあつめたいからである。誤解されたくもないし、ましてや仲間はずれにはされたくない。いろんな思惑がはたらくから、わたしたちはほうぼうに配慮しながら自作自演のシバイをくりかえして毎日をすごしているのである。ソツのないひと、というのはそういう計算のじょうずなひとのことだが、あんまり見え透いたシバイをするとあいつは役者だからなあ、という悪評になったりもする。

そのウソを芸術にまで高めたものが演劇である。演劇というものの起源はさだかではないが、おそらく呪術《じゅじゅつ》的、宗教的なものだったのだろう。たとえば『古事記』にはスサノオの乱暴に腹を立てた太陽神たるアマテラスが天岩戸《あまのいわと》にこもって世界が暗闇《くらやみ》になったとき、アメノウズメが滑稽な踊りを披露し、八百万《やおよろず》の神々が笑いさざめいたのを不審におもったアマテラスが岩戸をすこし開けたのをタヂカラオが力まかせに引いて、ふたたび太陽をよびもどした、という太陽神復活の物語がある。そのアメノウズメの歌舞を「演劇」ということばでよぶのは適切でないかもしれないが、日常を離脱した虚構の世界を構築して、それを神人ともにたのしむ、という行為はその後、神楽《かぐら》となり、巫女《みこ》が神と人間を媒介する役割をはたしてきたことはいうまでもなかろう。

神のまえで演じられる神楽は、やがて世俗化して阿国《おくに》歌舞伎をつくった。出雲の巫女だった阿国は十六世紀末、京都の鴨川《かもがわ》の河原で名古屋山三《なごやさんざ》とともにあらわれ「ややこ踊り」を披露した。貴顕は桟敷《さじき》で見物したが、庶民は河原の芝生に腰をおろして演技をみた。「芝居」というのはこんなふうに芝のうえでみたからだ、という説もある。

歌舞伎だけではない。能もある。明治以後は、新派《しんぱ》、新劇、新国劇……さまざまな舞台芸術が花開いた。より大衆的で、しかもあらたな技法を駆使した映画もあらわれたし、テレビが登場するとテレビ・ドラマも出現した。わたしたちのまわりでは、いつでも無数の演劇が上演され、架空の世界にいざなってくれるのである。

西洋では十六世紀から十七世紀にかけてシェイクスピアがおおくの戯曲を書き、イプセン以来の近代演劇がある。大陸には京劇がある。東南アジアに旅すれば影絵芝居があるし、人形芝居は世界中、どこにいってもおどろくべき数の観客をあつめている。

そのあまたの観衆、つまりわたしたちにとって、演技者、つまり「役者」は英雄である。はるかかなたの天空に輝く「スター」である。有名な役者は浮世絵になり、ブロマイドになり、ポスターになって人気をあつめ、ときに崇敬《すうけい》の対象となる。かれらの動向はつねに芸能ジャーナリストやパパラッチに監視され、追跡され、その婚約、結婚、離婚、醜聞、なんでもおおきな活字の見出しで報道される。その服装、化粧、挙措動作、すべてが周知の事実になる。熱狂的崇拝者は「追っかけ」集団をつくる。

とりわけテレビというメディアがこれだけひろく浸透した社会では、「役者」たちだけではなく「芸人」もまた有名人の仲間入りをするようになった。かれらは「タレント」とよばれ、若いひとなら「アイドル」といわれる。「タレント」というのは「才能人」ということであり「アイドル」とは「偶像」のことである。してみると、わたしたちはちょっとした芸のある人間たちを偶像に仕立て上げた偶像崇拝の世界に生きている、ということになるのだろうか。それが理想である以上、われらことごとくが「シバイ」に生きる演技者であることになんのふしぎもあるまい。

ラッキョウの皮

こんなふうにかんがえてくると、そもそも「じぶん」というものがどこにあるのかわからなくなってくるような気がする。なにしろ、人生のあらゆる場面、そして毎日の生活のなかでわれわれは「お面」をかぶり、さまざまなシバイの舞台で演技し、心にもないセリフを口にしているのだから、それは「ほんとうのじぶん」ではない。家庭では親としてふるまい、職場ではしごと熱心な部下、あるいは上司の「役割」をはたし、取引先との会話ではお世辞たらたらの「演技」をみせ、会議の席では耳をかたむけているようなフリをして心のなかではまったく関係のないことをかんがえたりしている。要するに、いつでも「他人の目」にどう映るか、を気にしながらいろんな仮面をかぶっているのである。G・H・ミードはそれを「見られる自我」（me）と名づけ、そそがれてくる視線のことを「一般化された他者」（generalized other）ということばで表現した。むずかしい訳語だけれども日本語でひらたくいえば「世間」ということである。「世間の眼」がわたしたちをみているのである。

とすると、われわれの「存在」というのは何枚もの皮に包まれたラッキョウのごときものなのではないか。これまでくどいほどのべてきたように、われわれは「役割人間」である。そのさまざまな役割はラッキョウの皮である。何重にもかさなったそれらの皮をつぎつぎにむいてゆけばラッキョウはだんだん細くちいさくなってくるが、もしも「ほんとうのじぶん」というものがあるとすれば、それは皮をむいて、むいて、むきつくしたところにあるにちがいない。「じぶんさがし」ということばがあるが、それはべつなことばでいえばラッキョウの皮むきということにほかならない。演技するじぶん、お面をかぶったじぶん……そんな他人を気にせずに、真実、これこそほんとうの「じぶん」、それがどこかにあるにちがいない。だからその探索のためにわれわれは「じぶんさがし」の旅にでかけるのである。そして、そんなふうに「じぶんさがし」をすれば「じぶんらしい」職業につき、「じぶんらしい」生き方ができるにちがいない……そういう希望と期待に胸をおどらせるのである。

その結果どうなるか、あるいはどうなったか。たいへん無残ないいかたになるが、わたしの意見ではそんなもの、ありはしない。ラッキョウの皮を一枚ずつはがしてゆけば、だんだん「見られる自我」の数は減ってゆくだろうが、ラッキョウには期待していたようなシンはないのである。皮をむきつくしたところにはなんにもない。「虚」なのである。「ほんとうのじぶん」なんて、もともと存在していないのである。

だいぶむかしのことになるが、「わたし」という劇があった。残念なことに作者を記憶していないが、たいへん哲学的な構成だった。主人公はただひとり。その主人公とカゲの第三者との問答。問い「あなたは誰?」、答え「山田太郎です」。問い「それを証明できますか?」、答え「ハイ、ここに身分証明書があります」。問い「その証明書がホンモノだと証明できますか?」、答え「ハンコが押してあります」。問い「ハンコなんていくらでも偽造できるじゃないの。ほんとにあなたは誰なの?」……あなたの名前も、またそれを確実に立証してくれる手段もない。だいたい「名前」などというものだって便宜上つけられたもの。名前があるからといって、そんなものなんの役にもたたない。いきなり知らない世界のどこかにひょいとほうり出されたらどうなるか。自己証明は不可能にちかい。むずかしくいえば「自己が自己であることの証明」は不可能なのである。あるいは「アイデンティティ」というものがどこにどんなふうにあるのか、それもわからないのである。わたしにいわせれば、「アイデンティティ」というのはせいぜいラッキョウの皮の一片にしがみついているだけのことなのである。

もちろん、理屈ならいくらでもかんがえることができる。たとえば『荘子《そうじ》』は「ほんとうのじぶん」について、いくつもの挿話を語ってくれる。みずからの影から逃れようとして疾《しっ》走《そう》して死んでしまう話（人、影ヲ畏《おそ》レ迹《あと》ヲ悪《にく》ミテ之《これ》ヲ去リテ走ル者アリ……ミズカラ以《もっ》テ尚《な》オ遅シト為《な》シテ疾走シテ休《や》マズ。力絶エテ死セリ「漁父《ぎょほ》篇」）、世間についてゆくことができず、みずからの無能に絶望する「寿陵《じゅりょう》ノ余子《よし》」の話（寿陵ノ余子、行《あゆ》ミヲ邯鄲《かんたん》ニ学ベリ。イマダ国《みやこ》ブリノ能《あゆ》ミハ得《みにつ》ケズシテ故《ふる》キ行ミハ失《わす》レタリ。直《た》ダ匍匐《はらば》イテ家ニ帰ランノミ「秋水《しゅうすい》篇」）、そしてあの有名な「胡蝶《こちょう》の夢」の話（知ラズ、周《しゅう》ノ夢ニ胡蝶為ルカ、胡蝶ノ夢ニ周為ルカ「斉物論《せいぶつろん》篇」）などなど。荘子は、だいたい「ほんとうのじぶん」などというものはないのだ、という立場をとる。いや荘子の思想そのものが自己というものに懐疑的なのである。

禅はむずかしいが、俗人にもわかるように禅の要諦《ようてい》を説いてくださった坊さんもおられる。たとえば白隠《はくいん》。白隠の禅画はどれをみても含蓄があっておもしろいが柿本人麻呂《かきのもとのひとまろ》の詩歌に託して「今に到り明石《あかし》の浦の朝霧に嶋有り船有るも其の人なし」と賛を書いた奔放な一幅の絵などは傑作だ。目的の島は霧にかすんでいる。そこにゆくべき舟もある。だが「其の人」はいないのである。そもそも「人」はいるのだろうか。いくらさがしてもいない。「じぶんさがし」というのは、そもそも無理な相談なのだ、と禅は教えてくれる。禅は「ない」ことを主題にした哲学だから、ラッキョウの皮むきじたいを否定する。

わたしは縁あって大徳寺《だいとくじ》の和尚《おしょう》さんからしばしばお話をうかがっていた時期があった。そのときに和尚さんが口にされた挿話、逸話のたぐいは「ある」ことの意味ではなく「ない」ことの意味を説くものばかりであったような気がする。「自我」などというものは「ない」のである。「ない」ものを探究することほどおろかなことはない。禅はそういうのである。まさしく「禅問答」というべきであろう。落語でいえば「浮世根問《ねど》い」のようなもので、いくらことばでいってもキリがない。いえばいうほどわけがわからなくなる。

西洋でおなじようなラッキョウの皮むきの意味をたずねたのは、たとえばキュルケゴールのような「実存主義者」であった。かれがいう「深淵《しんえん》」というのはラッキョウのシンが「無」であるということにほかならなかった。古今東西、「ほんとうのじぶん」をさがすことがいかに無益なことであるかを哲学者たちは論じてきたのである。

だが、こうした議論は哲学的思索としてはおもしろいが、社会的存在としての具体的な人間、つまり「世間」で生きている人間にとってはあまり意味のあるものではないだろう。おたがい凡俗の身はおおむね「役割」で生きている人間なのである。おおかれすくなかれ、われわれの人生は演技なのである。ユングの心理学ではその仮面的存在を「ペルソナ」とよび、そこから「パースナリティ」ということばが派生した。「パースナリティ」は「性格」と訳されているけれども、簡単にいえば「仮面人間」ということだ。

フロイトの「超自我」（スーパーエゴ）もこれと似ている。「超自我」というのは「見られるわたし」のことである。精神分析の立場からみても「ほんとうのじぶん」などというものはありえない、ということになりはしないか。ラッキョウにはシンがないのである。ないものを探索するのはムダというものではあるまいか。すくなくとも、これは「社会学」の対象ではあるまい、とわたしはおもっている。

プロフィール

「自我」というものが哲学的にめんどうなものであることはいまみたとおりだが、世間ではひとりの人間、つまり、あなたただのわたしただのを個別に認識し、他人と区別してくれる。その「区別」のモノサシのことを「社会的分類」（social classifications）と名づける。

といって、べつだんむずかしいはなしではない。似顔絵描きとおなじように、世間は特定の人間の輪郭を描いてそれぞれのひとのイメージをつくっているのである。そのイメージが「プロフィール」である。日本語でいえば「人物像」とでもいうべきか。わたしたちは似顔絵をスケッチする画家がエンピツで輪郭線を描くのとおなじように、ラッキョウの皮のあれこれを手がかりにして他人の肖像を心のなかに描くのである。

社会的分類のモノサシは無数にある。まず、基本になるのは「年齢」「性別」という分類。「年齢」といっても「若者」「老人」といったボンヤリした分類から「十八歳」「六十五歳」と一年おきの細かい目盛りもある。「性別」のほうは男女という二分類がふつうだが、このごろは性同一性障碍といった事例もみとめられるようになったから、あんまり太線で鮮明に描かないほうがいいかもしれない。

「人種」という分類もある。これはかなりはっきりしたもので、「ネグロイド」「モンゴロイド」「コーカソイド」の三種類しかない。一般にいう「黒色」「黄色」「白色」である。こちらのほうもその中間があるから、柔軟性をもってみなければならないが、おおくのばあい、「ヒト」の「人種」はまずこの三分類のいずれかにはいっている。

「国籍」も明確なモノサシである。世界には二百ほどの国家があり、それぞれの統治機構をもっている。国名を冠して「フランス人」「インドネシア人」「ペルー人」などということもある。それぞれの「国籍」を下位分類して「地域」というモノサシをあててみることも可能だ。「フランス人」のなかにも「プロヴァンス」だの「ブルターニュ」だの地域による区別がある。日本でいうなら「津軽」「薩摩」といったような「お国」である。

こんなふうに数本の線で輪郭を描いてみると、ほんのりとプロフィールの一部ができてくる。たとえば「男性四十八歳、独身、身長百五十五センチ、七十歳の母親と同居」ときけば、どちらかといえばパッとしない中年男のイメージになる。

でも、さらにいくつかのモノサシを用意して「某国立大学卒業、オックスフォード大学で博士号取得後、帰国して某大手薬品工業会社の研究所長、年収二千万円」というと、この人物に後光がさしてくる。逆に「無職、競馬競輪に熱中、飲酒癖あり。アルバイト収入年間百五十万円」となると、おなじ四十男でもその「人物像」の輪郭はすっかりちがったものになるではないか。

モノサシはまだまだたくさんある。「既往症」「身長」「体重」「趣味」「資格」「好きなテレビ番組」「嫌いな食べ物」……数かぎりない補助線をひいて、それを交差させたり、特定の部分を強調したり、ボカしたり、陰影をつけたりしてゆくと、かなり輪郭のしっかりした人物像ができあがってくるだろう。

そうしてできあがった「プロフィール」によってわたしたちはひとを判断する。その思い描いた人物像を基準にして「東大出のくせに」とか「さすが関西人、目先がよく利《き》くなあ」といったふうに判断に狂いがなかったことを確認する。ときにモノサシと現実がちがうと「やっぱりフランス人は粋《いき》だなあ」「十七歳だって！　よくもあんな問題が解けるものだ」「大学もでていないのに、事業をあそこまで成功させたのにはおどろいた」といったふうにひとを「見直す」のである。そして、そのたんびに「やっぱり」とか「まさか」とか「さすが」とかつぶやくのである。

いろんな変数を組み合わせてつくりあげたプロフィールが、ただしいものかどうかはわからない。ときには、いやしばしば、頭のなかで構築した人物像と本人とはずいぶんちがっている。だが、現実にはそれを確認するわけにはゆかない。たとえば人事採用は「人物本位」というけれども、担当の求人係は履歴書をみて基本的ないくつかのモノサシで応募者をふるいわける。学歴、経験、資格などからみて不適格と判断された人間はなかなか面接にまでこぎ着けない。たったひとりを採用しようとしているのに、万人平等の原則で数千人ぜんぶに面談というわけにはゆかないのである。

そんなふうに勝手につくりあげたプロフィールでひとや人柄をあらかじめ「区別」することをばあいによっては「偏見」といい、あるいは「差別」という。おおむねいい意味でつかわれることばではない。しかし「あのひとは慈善家なんだって」「彼女は司法試験に一発で合格したんだって」とかいった好意ある評価だって「偏見」であり「差別」なのである。わたしたちはだれだって、そういう偏見によって他人をみているし、他人からも偏見によってみられているのだ。そのことは「イタリア人は陽気だ」「こどもは無邪気だ」「政治家はウソつきだ」といった認識にわたしたちが支配されていることからもわかる。俗なことばでいえば、わたしたちは「色眼鏡」で自他をみているのである。わたしたちはひとりの例外もなく偏見のかたまりなのである。

さきほどわたしは「自我」というものはしょせんラッキョウのシンのような虚無であろう、とのべた。だが世間は外側にある何枚、何十枚、いや何百枚もの皮、すなわちモノサシを用意してひとを評価しているのだ。その分厚い皮膜におおわれて人間はつねに他人から「見られて」いる。そして同時に他人をみている。だんだん交際が深まれば、「色眼鏡」が変化することがすくなくないが、それでも「全人格」が理解されることはありはしない。そもそも「全人格」などというものがある、というのが錯覚なのである。

このラッキョウの皮、すなわち社会的分類のどの部分に力点をかけて人間をみるか、によってさまざまな問題がみえてくる。いい例が経済的分類。つまり貧富という分け方である。いっぽうには年間所得数十億円という大金持ちがいる。他方、生活保護を受給し、そのうえ障碍者、という底辺のひとびとがいる。そこでうまれるのは「格差」である。おなじしごとをちゃんとこなしながら、男女で給与に差があれば、これも「格差」である。そういう目で世間をみれば「格差」だらけ。大都市と僻地のあいだにも、健常者と障碍者のあいだにも、あるいは先進諸国と発展途上国とのあいだにも「格差」がある。人間すべて平等というのはうるわしい哲学だが、世の中は哲学どおりにはうごかない。わたしたちはあれやこれやの「格差」や「偏見」というデコボコ道をあゆんでいるのだ、といってもよい。

それらたくさんのモノサシで人間がおたがいをみたり、みられたりというめんどうなことになったのはひとえに世間が複雑になったからだ。石器時代の人間がもっていたモノサシはせいぜい性別、それに長幼の序列くらいだったにちがいない。もろもろの社会的分類から自由であれ、と説いたのは安藤昌益《あんどうしょうえき》であり、ジャン＝ジャック・ルソーであったが、歴史をもとにもどすことはできないようにおもわれる。

【さらに読むといい本】

栗岡幹英《くりおかみきえい》『役割行為の社会学』世界思想社・一九九三

この章でとりあげた「役割理論」を薬害や冤罪《えんざい》事件といった具体的事例のなかで論じた書物である。「役割」というのは他者から「期待」されているものでもあり、人間は状況がかわるとことなった役割を演じるようになる。理論的にも事例研究からもわかりやすい書物である。

山崎正和《やまざきまさかず》『演技する精神』中央公論社・一九八三

いうまでもなく著者は戯曲の作家であり、日本の中世の芸能にもくわしく、さらに文明批評家としてもよく知られた人物。この書物は舞台芸術のなかでの演技だけではなく、わたしたちの日常生活のなかでも経験している「演技する」ことの意味を探求したもの。ジンメルやホイジンガなどの名著もみごとに解説している。

Anselm L. Strauss: *Mirrors and Masks; the serach for identity*. Free Press of Glencoe, N. Y. 1959.

ほんとうは自我と社会についての決定版ともいえるミードの ***Mind, Self and Society*** をあげるべきなのだが、あえてミードの流れを汲みながら「自我」を理論的、かつ実践的にとらえたこの書物をあげる。著者ストラウスはまえに紹介した「第二次シカゴ学派」を代表する学者で一九五〇年代にエベレット・ヒューズのもとで研究生活をおくった。ゴフマンとほぼ同期。わたしはかれらを兄貴分としてシカゴ大学で学ぶ機会にめぐまれていた。

リースマン『孤独な群衆』（上・下）加藤秀俊訳（新訳版）・みすず書房・二〇一三

一九五〇年に出版されたこの書物の日本語訳はさいしょ一九六三年におこなわれ、版元のみすず書房から「始まりの本」の一冊として再版のおはなしがあったとき、わたしは改訳を決心した。以前の訳本があまりにも不備であったからである。この古典的名著とわたしとのめぐりあいは巻末の「訳者あとがき」にくわしいが同書の最終章「自律性とユートピア」のなかに「自我」のありようがのべられている。自訳だから例外的に翻訳書をいれるゆえんである。

第七章　方　法——地べたの学問

ふるさとの学問

第一章で紹介した宮本常一は山口県周防大島で生まれ、育った人物である。その郷土愛はごく自然で、強烈だった。祖父からきいた子守歌もずっと記憶していたし、苦労しながら、はたらきつづけた父親からは農作業から漁業まで手ほどきをうけ、教えをうけたことがらもことごとく鮮明におぼえていた。十七歳で故郷をはなれて大阪にゆき、さらに東京にでたが、この民俗学者はつねにみずからを「離郷」した人間ではなく「出稼ぎ」にでている人間だとかんがえていた。じぶんの「居場所」は一生周防大島なのだ、といって、いくら忙しくてもかならず毎月いちどは周防大島の自宅で数日をすごし、村のしごとをしていた。「郷土を研究するのではなく、郷土で勉強する」ことをみずからの生き方だと信じてその生涯をすごしたのである。

かれは幼いときから好奇心が旺盛《おうせい》で、はなし好き。ひとのはなしはいつでも手帳に書き留めていたから、しぜんとさまざまな世間話があつまってきた。日本全国、ほとんどいたるところに足をはこび、おびただしい民俗資料を記録したが、宮本がいちばん心をゆるしてのびのびとはなしをきいて歩いたのは周防大島を中心とした瀬戸内海文化圏で、そのきらきらと輝く島々をまるでじぶんの庭のように細部まで知っていた。全二十五巻（第一期）におよぶ著作集のどの巻のどのページをひらいてみても、そこには周防大島の住民としての著者の息づかいがかぐわしく立ちこめている。

博物学者南方熊楠も郷土の和歌山県田辺町《たなべまち》にどっしりと腰をすえて、その「ふるさと」のすべてを研究活動の対象とし、熱心に活動した。かれが専門的に研究したのは粘菌《ねんきん》類だが、郷土の自然に関心をもち、主として田辺湾の神島《かしま》という小島の動植物をふかく観察し、漁師があげてきた魚について考証するといった日々をおくる。そして明治四十三（一九一〇）年に政府が和歌山県西牟婁《にしむろ》郡の神社を統合しようとしたときには身を挺《てい》して反対運動に立ち上がり警察に留置されたりもした。世界を巡歴し、大英博物館で研究生活をおくったこの偉大な学究南方は帰国後、自宅と県内を移動して「郷土での発見」の毎日をすごし、克明にその経験を記録しつづけていたのであった。

おなじように「郷土で勉強」した人物はほかにもたくさんいる。たとえばアメリカの社会学者ロバート・リンド（Robert Lynd）。かれはインディアナ州のニュー・アルバニーという人口三万人の小都市に生まれ、プリンストン大学にすすみ、コロンビア大学で教鞭をとることになったのだが、その博士論文はそのまま地域研究の古典としていまなお高い評価をうけている『ミドルタウン』（*Middle Town*、一九二九年）として公刊された。

この名著の舞台は生家にほどちかいおなじインディアナ州東部のマンシーという町。アメリカの心臓部ともいえる中西部のちいさな町のたたずまいはみんなおどろくほど似ている。町の中央には広場をとりかこんで教会があり、町役場があり、裁判所や警察がある。そこからちいさな商店がつらなる。スーパーなどのない時代だから肉屋があり、八百屋があり、パン屋、衣料品店などがならび、町角にはドラッグ・ストアがあって雑貨やお菓子を売っている。数人がならんで座れるカウンターには常連がコーヒーを飲んでいる。

ふつう「バイブル・ベルト」とよばれているように、中西部は敬虔なキリスト教徒があつまっているところだ。リンドはこの町の住民たちの宗教活動、つまり教会との関係だの日常生活にとけこんだキリスト教、さらに牧師の役割などにもすくなからぬページ数をついやしている。そしてこの本を読んでいると、この町のひとびとの毎日のしごとだの家庭生活にいたるまで手にとるようにわかる。こどもたちのあそび、食事、すべてが生き生きとえがかれている。そのすべては著者リンドじしんの体験してきた世界の再構成といってよい。かれもまた「郷土で勉強」した学者だったのだ。

わたしの友人のひとりにエヴェレット・ロジャース（Everett Rogers）がいた。かれはウィルバー・シュラムがスタンフォードに転出したあと、その後任としてアイオワ大学で教鞭をとった人物。その代表的著書『イノベーションの伝播《でんぱ》』（*Diffusion of Innovation*、一九六二年）はアイオワ州の農民たちがトウモロコシのあたらしい品種を導入するにあたって、どんな行動をとったかを実証的に調査研究したもの。

農民というのはどこにいっても保守的なものだ。新品種が開発されたからといってすぐに飛びつくわけではない。むしろ何十年にもわたって使用しつづけてきた品種に全面的な信頼をおくのがふつうである。だが、品種改良技術がすすんで、より病害に強く、収量のおおい新品種が登場するとすこしずつ興味をしめしはじめる。いったい、だれがさいしょに実験しようとするのか、そしてそれがどんな順序で近隣の農家につたわってゆくのか、ロジャースはその経過をくわしく実証的にしらべた。

ロジャースの強味はかれじしんがアイオワの農家に生まれ、アイオワ州立大学で学んだことであった。トウモロコシの栽培技術やアイオワの農民の心理や行動様式を生まれたときから体験的に知っていた。その郷土での体験が基礎になってあの「伝播理論」ができあがったのである。

こんな事例は東西をとわず、いくらでもある。「社会学」という学問は極言すれば「ふるさとの学」なのである。そしてリンドやロジャースの学問の方法を力づけてくれたのはおそらく第一章でのべたタマスとズナニエッキのポーランド農民研究にみられるような「シカゴ学派」がその先駆になっていた可能性が高く、もしもそうならシカゴを中心とする「中西部学派」とでもいうべき「ふるさと社会学」がアメリカでのこの学問の中核なのではなかろうか、とわたしはおもっている。

ついでながらドヴォルザークがアメリカに招聘《しょうへい》されたとき、その任地はニューヨークだったが、楽想を練ったのはアイオワ州の小さな村に滞在していたときであった。そこにいたのはかれのふるさとチェコ、ポーランド、ドイツ、アイルランドなどから移住してきた実直な農民たちであった。その移民たちと生活をともにしながら、かれは作曲した。つまりドヴォルザークにとっての「新世界」は「アングロサクソンのアメリカ」ではなく、ボヘミアのアメリカだったのである。ここは「アメリカのハートランド」であり、そのゆえに、法律によってアメリカ大統領指名選挙がまずアイオワ州からはじまることはよく知られている。

これら中西部に誕生したアメリカ社会学にとっての「社会」とは抽象的な「社会一般」ではなく、特定の地域社会と、そこで暮らすひとびとのことにほかならなかった。そこでさえがかれるのは具体的な名前のある村であり、町であった。すべてはこの地上の現実であって、頭のなかで構築した観念や、それをつなぎあわせた「理論」ではない。よその町はいざ知らず、我が町ではこうだ、という観察された「事実」だけが重要なのである。リンドからロジャースまでがそだったアメリカ中西部の「英語」には「中西部アクセント」があり、それは東海岸アクセントとも南部アクセントともちがう。語彙もちがう。ましてやスラングもちがう。話していることばをきいただけで出身地さえわかるのである。

そんなふうにして統合されたひとびとの生活をそのままに記述する方法に、わたしは心を惹《ひ》かれてこれまで勉強してきた。「現実」の生き生きとした世間をこまやかに観察することが「社会学」というものなのだ、ということをこれらの先達の書物は教えてくれる。「社会学」とは基本的に「ふるさとの学問」なのである。

さまざまな現場

「社会学」が現実の学であり、「ふるさとで学ぶ」ことを基軸とするものである、というわたしのかんがえかたからすれば宮本やリンドこそ理想の先駆者として尊敬すべき人物ということになるが、べつだんじぶんの生まれ故郷だけが「ふるさと」なのではない。わたしたちはその気になりさえすれば、いつでも任意の「第二のふるさと」をつくることができる。その「第二のふるさと」をふくめて、現実に生きているひとびとに接する「現場」のことを「フィールド」といい、そこでの研究を「フィールド・ワーク」という。日本語でいえば「現地調査」といってもいい。とにかく、どこでも興味をもった土地にみずからの身をおいて、そこで暮らしているひとびとのすがたをじっくりと勉強するのである。わたしの尊敬するすぐれた社会学者は例外なしにそういう「第二のふるさと」でみごとな発見をのこしたフィールド・ワーカーであった。

たとえば三河国にうまれ、東日本の旅にでて、ついに秋田にながいあいだ滞在して生涯をおえた菅江真澄《すがえますみ》がそうだったし、福島県の出身で『東京新繁昌記』をのこした服部誠一がそうだった。サモアに長期滞在して『サモアの青春』をのこしたマーガレット・ミードもいた。イギリスの社会学者ロナルド・ドーア（Ronald Dore）は東京の下町に暮らし、落語家に弟子入りして芸名までもらった。レヴィ＝ストロースといえば「構造主義」の理論人類学をすぐに連想するが、かれのしごとの原点になっているのは南米での徹底したフィールド・ワークの集成『悲しき熱帯』であった。あのゴフマンだって若いころは北極圏での現地調査に精力を傾注した経験があったのである。とにかく「現地」に足をはこんで、みずからの目でみることが「社会学」の第一歩なのである。

こうした「現地」への興味はべつだん特定の学者だけのものではなく、人間だれしもが共通にもっているもののようにおもわれる。なぜなら、よほど例外的なひとでないかぎり、たいていの人間は「旅」というものにひとかたならぬ興味をもっているからだ。

ひとはどうして「旅」をするのか。ひとことでいえば「好奇心」という衝動に駆られたから、というにつきる。知らないものを知りたくなる、というのはだれしもがもっているものであって、リントンは「あたらしい経験を求める」ことは人類普遍の「基本的欲求」だといっている。わたしたちは「物好き」から旅にでる。たとえ二泊三日の温泉旅行であってもバスの車窓からみえた風景に歓声をあげ、夕食の膳に山菜がでればめずらしい、といって箸《はし》をはこぶ。そういう「あたらしい経験」がうれしいのだ。その経験が軽い興奮をあたえてくれるのである。それをもとめてひとは旅するのである。

もとより、すでにテレビや絵はがきで見て、すっかりおなじみになっている風景を再確認してよろこぶ、といった単純な満足感から、だれも足を踏み入れたことのないジャングルや高山をめざして黙々と歩きつづける「冒険」にいたるまで「旅」のすがたはさまざまだが、とにかく知らないところにいってみる。その刺激をむかしのひとは俳句に託し、いまの若者たちは写真にとって見せ合う。「旅」することはいうなれば「ミニ・フィールド・ワーク」なのだ。

じっさい、その旅の体験だけを克明に記録した「旅のフィールド・ワーク」も立派に成立しうる。たとえば大坂の医師、橘南谿《たちばななんけい》は天明《てんめい》二（一七八二）年に旅をはじめ、西は四国九州から東は北陸、東北にまで足をのばして日本各地の名所旧跡、風俗、伝承、行事のあれこれを雑記ふうに記録して『東西遊記』をのこした。話題は富山の蜃気楼《しんきろう》、長野の善光寺《ぜんこうじ》から阿蘇《あそ》山《ざん》、那智《なち》の滝など合計二百話におよび、いずれもその記録は克明である。わたしの世代の人間は中学一年生の国語の副読本にこの書物を読んで育った。

イザベラ・バード（Isabella Bird）の『日本奥地紀行』も「旅人のフィールド・ワーク」のお手本であろう。著者のバードは旅行好きのイギリス婦人。オーストラリアやハワイを旅したあと明治十一（一八七八）年に日本を訪れ、東京を出発して新潟、会津、秋田を経由して北海道にわたり三ヶ月の旅行記をとりまとめた。この一冊はたんにひとりの旅行者の日誌という以上に、明治初期の日本の庶民生活を物語る貴重な財産といってよい。

こんな事例をあげていったらキリがない。わたしの愛読書のなかで思い出すだけでも、遠くチベットまで足をのばして『チベット旅行記』を書いた河口慧海《かわぐちえかい》だの、今西錦司《いまにしきんじ》をリーダーとする京大の『ポナペ島』だの、あるいは葦船《あしぶね》で太平洋に乗り出したハイエルダールの『コンチキ号漂流記』など、いずれも深い感動をあたえてくれた。これら「旅人のフィールド・ワーク」はいずれもわたしたちの世界をひろげてくれるのである。

これらの大旅行家でなくても、旅することはおたがい未知だったひとびとをつなぎあわせる。このごろのビジネス本位の旅には「旅情」などなくなってしまったが、飛行機や列車のなかでたまたま隣席に座ったひとと会話がはずんで、それが縁で友人になったりすることもあるし、旅先で名所古跡や風景をめぐって新知識が身につくこともある。知り合ったひとと縁ができてメールのやりとりをすることだってあるだろう。またもういちど訪問してみたい、といって「リピーター」になることだってめずらしくはない。定宿ができて、その女将《おかみ》が「お帰りなさい」といってくれるようになったりすることもある。

志賀直哉《しがなおや》は東京から我孫子《あびこ》に移住し、療養のため城崎《きのさき》で暮らし、松江にも住んでそれぞれの土地で見聞し感じたことを小説にした。谷崎潤一郎《たにざきじゅんいちろう》の『細雪《ささめゆき》』は関西への移住の産物であった。旅は刺激とあたらしい発見にみちているのだ。ヘミングウェーはスペインにゆき、キューバに住んだ。文学作品もつねに「第二のふるさと」での彷徨《ほうこう》からうまれることがすくなくないのである。

人間というものはふつう、ごく限られた地理的空間をナワバリにしてそこからそとにでないものだが、そこから一歩そとにでれば、ことなった世間が待ちうけている。「第二のふるさと」そして旅先や滞在先がふえて「第三、第四のふるさと」ができても、そこにはじめて足を踏みいれるときには、期待と不安の入りまじった感情がうまれる。それは「こころよい疎外感」といってもよい。そして、そのちょっと緊張感のあるこころよさこそが「社会学」

のよろこびなのではあるまいか、とわたしはかんがえている。

それに、現代のように人間があちこち流動するようになると、「旅」が長期化してそれまで未知だったところに根をおろしてしまうこともめずらしくはない。たとえば地方から東京や京都などの大学に入学し、そのまま大都市に就職してしまうと、生まれ育った「ふるさと」より「第二のふるさと」のほうに親近感がわいてきたりもする。それにくわえて転勤の多い大企業だと転勤のたびに「ふるさと」の数はどんどんふえてゆく。

わたしのような職業でもそうだ。とりわけ「社会学」を専門とする人間には、ほうぼうの土地のことなった大学で勉強することが必須条件であろう。残念ながら日本の大学の社会学者はその大学に入学してから、そのままおなじ大学に就職して定年まで教授をつとめる、といったひとがすくなくないが、諸外国ではそれぞれ研究生活何十年のあいだに五回や六回、職場をかえるのがふつうだ。アメリカに例をとると、東海岸の大学で数年、そのあと中西部だの西海岸だの、あるいはヨーロッパやアジア諸国などを遍歴する学者が多かった。ちょっと勇ましいいいかたをすれば「他流試合」で「武者修行」をするのである。

わたしはそれを当然のこととかんがえ、これまでの人生で内外あわせてすくなくとも七回は転職し、そのたびにあたらしい「現場」を学んできた。それがささやかながら、わたしの「実証主義」というものだったと自負している。

定性か定量か

以上にのべたような「ふるさとの学」としての「社会学」についてのわたしの意見には異論があろう。いくら「ふるさと」を研究したって、しょせんそれは「個別研究」で普遍性をもたないし、そこから「理論」がうまれるはずはない、というのである。

たしかにそのとおり。わたしのこれまでの経験からいっても、岩手県大迫《おおはさま》村で勉強したことはアイオワ州グリネルの町で学んだこととはまったくちがう。ニュージーランドの村落と宮崎県の山村とのあいだにはほとんどなんの共通点もない。そんなわずかな経験のなかから「普遍」やら「一般」やら、ましてや「絶対」などというたいそうなものがうまれるはずがない。わたしたちの生きている「世間」というのは、ひとつの例外もなく「個別特殊」なのである。そこにしかないものなのである。

それればかりではない。第二章でのべたように、わたしたちの「世間」というものは、ほんとうにちっぽけなものなのだ。わたしはかなり国内外ほうぼうに住んでいろんな経験をしてきたつもりだが、それでもじぶんにとっての「世間」というのは親子きょうだい、親族、同窓生、かつての同僚、部下、むかしわたしのゼミにいた何十人かの学生、近所の床屋さん、お医者さん、指折り数えてみても百人にみたない。年賀状のやりとりだって、せいぜい五十枚。それほどにわたしの「世間」はせまいのである。現役世代のひとなら、数百人ものひろがりがあるだろうが、それでもタカが知れている。

もとより、いくつもの「第二のふるさと」で知り合ったひとびとはたくさんいる。あちらこちらで名刺を交換したひとの数は数千人になるだろう。だが、それをふくめても地球上数十億を母数にしてみればケシ粒のようなものだ。そのケシ粒のような矮小《わいしょう》な人間のあつまりをわたしたちは「世間」、すなわち「社会」といっているだけなのである。そのおそろしくちいさな世間のなかでわたしたちは生まれ、育ち、家族にかこまれ、職業をもち、毎日おなじようなことをくりかえしてやがて死んでゆくのである。わたしたちが「世間体」といって気にするのはそのせまい世間のことであって、全人類といったおおげさなものではない。

そこで、もうすこし客観的、そして巨視的に世間を展望してみよう、という関心がうまれるのも当然である。まえにみたように、近代という時代は「国家」をはじめとする巨大な法人をつくってくれたから、たとえばフランスとか日本とかいった「国家」ぜんたいを「世間」に見立てて、そこで暮らしている数千万のひとびとの動向をしらべることも可能になってきた。それに統計学という数学的学問が成立したおかげで、おおきな世間を数量的に計測、分析する技法も発達した。たとえば勤労者世帯の「平均」年収をしらべたり、「世論調査」によって支持政党の分布を研究したり、というのがその事例である。こういう数量的調査は推計学（stochastics）、つまり「標本調査」のような手法で洗練されてきた。

こんなふうに、数値で世間を研究・分析する学問の手法を「定量社会学」（quantitative sociology）という。それはべつだんあたらしい方法ではなくデュルケームの『自殺論』なども自殺者数から研究をすすめたのだから「定量社会学」の始祖といっていいが、コンピューターの登場によって処理の速度や精度も向上したから「おおきな世間」のありさまはほとんど即時にわかるようになってきた。じっさい、わたしは大学院生のころストーファー教授がＩＢＭの初期のパンチ・カード式コンピューターで世論調査をなさっているのをお手伝いした経験をもっている。だから若いころにはずいぶん数量データもあつかった。

だがこういう数量的調査がさかんになり、世間のあれこれを数値化して説明する「定量社会学」に対して、個々の事例の記述によって成り立つ「個別研究」（case study）を中心にした「定性社会学」（qualitative sociology）を主張するひとびともでてきた。前章で紹介したアンセルム・ストラウスなどはそれを意識的に強調したが、わたしの名づける「中西部学派」はおおむね「定性社会学」をその伝統としてきたもののようにみえる。ひとつの個別研究は、ある化学物質とおなじように独自の性質をもっている。たとえばロジャースのアイオワでの新種トウモロコシ導入のいきさつの研究はその応用範囲はひろいものの、基本になっているのはきわめて個別的な実例の研究である。

定量社会学というのは、数字を大切にする。基本になるのは数字であり、各種の数量データを列挙したり方程式で解いたりして世間の実態や傾向を説明しようとする。その方法は科学でいえば物理学にちかい。それに対して定性社会学は個々の物質について、その組成をカメノコの化学方程式でしめすようなものだ。

誤解のないようにいっておくが、「社会学」を「定量」と「定性」という二分法でふたつにわけてしまうのはまことに乱暴なことである。世間を学ぶ学としての「社会学」はおたがい補完的なのだ。たとえば、ある村や町の面積、人口などは数字にたよらなければならないし、数字でしめさないでも高齢者が「多い」ということばをつかったとたんに数量的な思考方法をとっているわけだし、逆に数量的な投票行動解析でも「政党別」という分類をしたとたんに定性的になる。問題は「定量」「定性」の混合比のようなもので、どちらに力点をおくかによって「社会学」のすがたはずいぶんちがったものになる。わたしじしんはそのふたつの方法のなかで「定性的」側面に興味をもって勉強してきた、というだけのことにすぎない。べつだん大量の数値データによって日本の、あるいは世界の実態をあきらかにしようとしている学問を否定したり、批判したりしているわけではない。

「定性社会学」は当然のことながら相対主義の立場に立つ。越前宮崎《みやざき》村の陶芸展示館を見学して、そこからなにかを学んだ、ということは「よそ者」であるわたしがじぶんにとって未経験の事物を知ったということである。それぞれの「ふるさと」は似ているようで独自である。これまでいくたびもくりかえしてきたように、わたしにはわたしの「世間」があり、あなたにはあなたの「世間」がある。世界は数え切れないほどたくさんの、いや人類総人口とおなじ数のことなった「世間」の集合体なのである。

そのたくさんの世間を観察し、記録をとり、そしてしばしば「第二のふるさと」で生活の一部をともにするのだから、わたしにとっての「社会学」は「地べたの学問」としかいいようがない。とにかく地べたを這《は》い回ってそこで学んだことをとりまとめるのがこの学問なのである。机のうえに本を積み上げて古典を読むといった方法とはまったくちがう。寺山修司《てらやましゅうじ》のことばをそのまま借用するなら「書を捨てよ、町へ出よう」なのである。

川喜田二郎《かわきたじろう》は学問の方法、あるいは学者のスタイルをふたつにわけて「書斎派」と「野外派」と名づけた。なにを意味するかは解説するにはおよぶまい。わたしのいう「地べたの学問」はいうまでもなく「野外派」である。宮本常一が編集発行した『あるく・みる・きく』という雑誌の題名はそのまま「野外派」精神のエッセンスだろう、とわたしはおもっている。

国学としての社会学

社会学は「地べたの学問」である、とわたしはのべた。だが、わたしたちにとっての具体的な「地べた」はかぎられている。地球ぜんたいをながめて、あちこちにいってみたい、と夢みても、わたしたちはおおむね日本列島のどこかで生まれ、育ち、そしてこうして生活している。わたしたちにとっての基本的な「地べた」は日本なのである。

第二章でわたしはピエール・シャルダンの「記号圏」というかんがえかたを紹介し、また第四章で「国家」という名の「法人」について論じた。わたしたちがどうにか把握できる「世間」あるいは「地べた」の限界は、そのあたりだろう。

つまりわたしたちが「世間」として実感することのできる最大範囲は、おなじような生活をし、そして、たとえば「フランス人」「日本人」といったふうに国家名や民族名を冠しておたがい認識しあうことのできるひとびとの集合体のことなのである。

これまでくりかえしてきたように、わたしたちの「世間」はそれぞれにちいさなものだ。わたしたちはその「せまい世間」のなかで暮らしながら、そのそとがわにある「ひろい世間」も、基本的なところではたいしてちがいないだろうと想像している。

なるほど旅をしたり、あちこち転勤したりすると「ところかわれば品かわる」というコトワザがただしい、ということに気がつく。たとえば食生活ひとつとりあげてみても、関東ではお正月のお雑煮《ぞうに》はおすましで餅《もち》は角餅、それに対して関西では白味噌《しろみそ》仕立て、餅は丸餅。納豆を食べるのは関東以北。関西では納豆なんか、むかしは食べなかった。そんな暮らしの地域差はいくらでもある。旅先の旅館で食膳に並ぶ刺身をみて、これなに？　ときいてその土地の特産物をはじめて知ることだってしばしばだ。

しかし、いくら角餅と丸餅のちがいはあるとしても「お雑煮」というものがあり、なによりもそれが新年を祝う慶祝の食事であるということにちがいはない。はじめての魚だって、それが刺身であることくらい、ちゃんとわかっている。食事のときには箸をつかう。いくら「洋風化」されたといっても、おコメのごはんを一日いちどくらいは食べる。

こまかい地域差をこえて、おたがい常識の範囲で「あたりまえ」とおもっていることは無数にある。たとえば家にはいるときには靴を脱ぐ、お風呂は洗い場でからだを洗う、三月三日には雛《ひな》祭りをする、お彼岸にはお墓参りにゆく、なによりもわたしたちのばあい日本語ということばを共有して、そのことばによるコミュニケーションによって暮らしている。この「共有されている」ものごとをひっくるめて「文化」という。わたしたちはおなじ文化のなかで生きているのである。日本についていえばその文化を構成しているひとびとの肌の色だのからだつきなどはおおむねおなじである。この集団が「民族」である。わたしたちのばあい、あなたもわたしも日本を国籍とする日本人であり、日本列島を居住地として日本文化のなかで毎日をすごしているのである。

わたしがこの本でのべてきたことがらのほとんどすべてはこの日本文化という「世間」の

なかで通用するおハナシである。「縁」といい「連」といい、あるいは「世間」といっても これらのことばやかんがえかたがよその国で通用することはあるまい。それでいいのである。それが当然なのである。つまり「社会学」という学問は特定の地域（おおむね国家）の文化にしばりつけられているという特性をもっている。数学や医学のように、気軽にそとに飛び出してゆくことができないのである。

つまり「社会学」は「ふるさとの学問」というだけでなく、特定の時代の特定の範囲の「世間」についての学問なのだ。はやいはなし、わたしのこの書物は二十世紀後半から二十一世紀はじめまでの日本で生きてきたひとりの人間の経験してきた世間話であって、よほどの偶然と物好きに遭遇しないかぎり外国人が読むことはないだろう。

そんなふうに「社会学」だけではなく、およそ「知識」というものが特定の時代や地域を反映したものだ、ということ、つまり「社会学の社会学」の重要性に気づいた学者もいた。それを「知識社会学」という。カール・マンハイム（Karl Mannheim）などがその代表だ。わたしたちは土地と時代の産物なのである。

とするならば、わたしがこうして書いてきたのは「日本社会学」のひとつにほかならない、ということになろう。その性質や内容は「アメリカ社会学」ともちがうし「ブラジル社会学」「フランス社会学」などもろもろの言語で書かれた国別、あるいは文化別のあまたの

「社会学」とちがうのも当然だ。つまり、「社会学」というのはそれぞれの国のありさまを対象とする学問、すなわち「国学」なのである。「国学」というと本居宣長のことなどと混同されそうだから柳田國男はいまの世間の考察を「新国学」と名づけた。

そのことをべつな角度からいうと、ヨソの国の「国学」をいくら勉強してみても、いまを生きるわたしたち日本人の世間を理解することはできない、ということでもある。それにもかかわらず、日本の大学の社会学の先生たちはかつて外山正一がスペンサーの翻訳に終始したような明治の帝国大学教授とおなじく、いまも外国の「社会学」の祖述に余念なく、西洋の学者の書物の注釈という滑稽なことをくりかえしている。その状態を日本で観察したリースマンは帰国後、こんなふうにいいのこした。

日本の大学教授のひとつの特徴的なパターンは、西洋の学者をひとり見つけて、その著作を日本語に翻訳し、紹介者として生きることである。そうすることによって、この大学教授はその西洋の学者の擬似的な〝デシ〟になることができるのだ。

日本の状況のなかに日本以外のところでつくられた概念を持ち込むことは、たとえその概念が厳密なものであっても、アイマイさを生みだす。たとえば日本の学者が〝パワー・エリート〟

ということばをつかったとしても、それは、かれがみずからの日本社会のなかで発見したものではないのである。

リースマンをはじめアメリカの社会学者たちがつくりあげてきたのは「アメリカの国学」である。横山源之助や内田魯庵にはじまり、柳田國男にいたる一連の学者がきずいてきたのは「日本の国学」である。国がちがい、文化がちがうのだもの、そんなこと、あたりまえではないか。

残念なことに、そのあたりまえのことに日本の学者たちはまだ気がついていない。リースマンはそのことを鋭く指摘したのだ。

これでは困る。もとより、外国の本を読むことはけっしてわるいことではない。いや世界さまざまの「世間」を知ること、そしてそれを日本の「世間」とひきくらべるのはいいことだ。しかし、それはあちらはあちら、こちらはこちら、という「お国ぶり」のちがいを知るための手段である。あっちとこっちをいっしょくたにして、よその「国学」を日本にあてはめるというおろかなことはやめたほうがいい。あえて「日本社会学」を「新国学」の伝統のうえでかんがえるゆえんである。

「私社会学」のすすめ

テレビをみていると、数千億の資産をもち、自家用ジェット機で世界中を遊覧している大金持ちのおはなしがでている。先週はモナコ、いまはフロリダ、行く先々に別荘があってゴルフをしたりパーティをひらいたり。そんなひとのことを知ると、これはわれら大衆にはわからない「別世界」のことだ、とおもう。

おなじテレビに、こんどはゲリラの襲撃におびえながら難民キャンプのなかで飢餓に苦しんでいるアフリカの部族のひとびとの痩《や》せ細ったすがたがうつしだされる。これもまたわたしたちの想像を絶した「別世界」である。

世界にはこういう「別世界」がいっぱいある。ということは、それだけ多様な「世間」があるということを意味する。富豪には富豪の、難民には難民の「世間」がある。そしてそれぞれがその「世間」のなかで暮らしている。

こんな極端な例をあげるまでもない。わたしはこの本のなかで、くどいほど「世間」は際限なくたくさんある、ということをのべ、「あなたの世間」と「わたしの世間」はちがう、となんべんも書いた。とすると、このへんで、そもそも「わたしの世間」がどんなものであるかをしるしておかなければなるまい。

「わたし」と「わたしにとっての世間」のことを書いていたらキリがないから、必要最小限のことだけを簡単にしるしておくと、わたしの先祖はどうやら愛知県春日井市《かすがいし》あたりの百姓であったらしい。零細な小作農で、わたしの曾祖父《そうそふ》にあたる加藤久三が大正二（一九一三）年に北海道に屯田兵として移住。したがってわたしのこどものころの本籍は北海道深川町《ふかがわちょう》（現深川市）だったが父の代に東京にでてきたものだから、わたしは東京の渋谷生まれ。その後、転々としたがいちばんながく住んだのはいわゆる「山の手」である。東京といってもかなりくわしく知っているのは隣接する目黒区、世田谷区、港区、新宿区くらいなもので、北区とか練馬区、江東区などのことはなにも知らない。これがわたしの地理的「世間」であり、日常の行動範囲、つまりナワバリであるにすぎぬ。

したがって、わたしが「バスのなかで」といって例示してきた経験はあくまでもこの近辺を走っている私鉄バスのことであって、東京都内の他の地域のバスはもとより青森県や宮崎県のバスのなかの風景とはちがうだろう。わたしが「ご近所」というのはわたしの自宅から半径五百メートルの散歩範囲内のことだ。だからおなじ「ご近所」でも新宿歌舞伎町、長野県青木村《あおきむら》、などなど全国数十万、数百万の「ご近所」のそれとはまったくちがう。

わたしは大学を卒業してから、大学や研究所を職場としてきた。だからわたしが「職場」というとき、それは学者たちとその周囲のことである。銀行、商社、製造業、その他もろもろの「職場」のことをわたしはまったく知らない。この本のなかでもっともらしく「他業種」のことを書いた部分もあるが、あれは本を読んだり友人たちをつうじての耳学問。つまり「職業」について体験的に知っていることはほとんどない。実業界のひとも、政治家も、知り合いはほとんどいない。

要するに「わたし」という人間は一九三〇年に生まれてからこれまでという、かぎられた時間を東京山の手ですごしてきたプチブルのひとりであるにすぎない。「わたし」はわずかそれっぽっちの体験と書物からの間接的知識で「世間」を知ったような顔をしているだけのこと。かんがえればかんがえるほど、わたしの「世間」つまり「社会」というのはちっぽけなものなのだ。九牛の一毛、大海の一滴。なんにもわかっちゃいないのである。

この書物には仰々しく「社会学」という題名をつけたが、じっさいはそんな「わたしの世間」学にすぎないのである。あなたにはあなたの「社会学」があろう。おたがい中身がちがっていてあたりまえなのである。つまり「社会学」というのは究極的にいえば「私《わたくし》社会学」なのだ。ちょうど文学作品のなかに「私小説」というジャンルがあるように、すくなくともわたしにとっての「社会学」は「私社会学」のことなのである。

いうまでもなく「私小説」というのは著者じしんの生活体験を素材として一人称で書かれた小説のこと。明治以後のリアリズム文学、たとえば島崎藤村や田山花袋の作品がそうだったし、森田草平《もりたそうへい》、志賀直哉、滝井孝作《たきいこうさく》、尾崎一雄《おざきかずお》、葛西善蔵《かさいぜんぞう》、嘉村礒多《かむらいそた》、そして太宰治《だざいおさむ》といった作家の名前が思いだされる。これらの作家はみずからの人生をそのまま文字にして作品を書いた。そういう「私小説」があるなら「社会学」にも「私社会学」というものがあってもいいのではないか、とわたしはおもう。

およそ学問というものは「客観的」でなければならない、とされてきた。だが、わたしは主観的な「私社会学」もあっていいとかんがえる。「某々によれば」といったひとさまの書物の引用ではなく、つねに「わたし」を主語にした文章で語られる学問にこそ血のかよった世間の事実をみる手がかりがあるのだ、とわたしは信じている。この書物のはじめから、わたしはつねに「わたし」という主語でおもうところをのべてきた。はじめにのべたように、「社会学」というのはしょせんちょっとばかり理屈っぽい世間話ということである。世間話ならだれにでもできるし、わたしたちは世間話をたのしみにして毎日を生きている。とすれば「私社会学」こそが「社会学」の正道だ、とわたしはおもう。

世間話としての「社会学」は、まえにもふれたようにひとつの文芸である。とりわけ「私社会学」にとってわかりやすい文章でしるす、ということはいちばんだいじな条件だ。こういうはなしがあるよ、こんなことがあったよ、ああそうかい、勉強になったよ、そういって気楽に世間話をつみかさねてゆくことが「私社会学」のたのしみなのである。むずかしい専門用語をちりばめて、だれが読んでも理解できないような悪文で書かれた「社会学」の教科書などは、著者にとっての自己満足であっても学生さんには迷惑だ。社会学はしょせん世間話の学なのだから、ふつうのことばでわかりやすく語ろうではないか。読んでみておもしろくなければ落第。ということは、とりもなおさず「私社会学」、ひいては「社会学」というのはふつうわたしたちがいう「常識」ということを意味するものにほかならない。素直に世間話に参加していれば常識はおのずから身につく。「社会学」とはそういうものなのである。そんなふうにして、人間と世間をながめながら『閑吟集《かんぎんしゅう》』はいう。
「世間《よのなか》はちろりに過ぐる　ちろり　ちろり」。

【さらに読むといい本】

宮本常一『民俗学の旅』文藝春秋・一九七八

民俗学者宮本常一の自伝的な同時代史。この本を読むと明治四十（一九〇七）年生まれの著者が育った周防大島のありさまから昭和四十（一九六五）年ころまでの経歴と、その間におきた主要なできごと、とりわけふるさととの歴史が手にとるようにわかる。ひとりのすぐれた学者の個人史とかれをとりまく社会史を織りまぜた名著である。

きだみのる『気違ひ部落周游紀行』吾妻書房・一九四八

著者きだ・みのる（レヴィ＝ブリュルの『未開社会の思惟《しい》』の訳者として知られる民族学者山田吉彦《やまだよしひこ》）が戦後まもなく疎開していた東京近郊の村落生活をえがいたフィールド・ワークの記録である。その続編として『にっぽん部落』（岩波新書）もある。映画化もされた。ちいさな村落のなかでの人間関係をえがいてあますところがない。

加藤秀俊『取材学』中公新書・一九七五

いろんなことを学ぶには知識を入手する方法を知らなければどうにもならない。「取材」というと新聞記者などジャーナリストを連想するが、この書物のなかで、わたしは学生を読者として想定しながら図書館の使い方から、ひとのはなしをきく技法までをのべた。ネット時代の現在からみるとずいぶん原始的だが、基本的にまちがっていないとおもっている。

KATO, Hidetoshi: Qualitative sociology in Japan. in "*The Qualitative Sociology*" Vol. No. 1-2. Human Sciences. Springler, 1988.

英文で書いた自著である。掲載された雑誌 *The Qualitative Sociology* はいまも継続して出版されているが、その創刊号に執筆したもの。この論文でわたしは「社会学」とはいうものの、実質的に柳田國男を中心とする日本民俗学に焦点をすえている。日本のいくつかの大学には置かれているかもしれない。

あとがき

わたしに幸運というものがあったとすれば、それは一九五〇年代のなかばにシカゴ大学で大学院生としてはじめて「社会学」という学問にふれる機会にめぐまれたことであろう。世界ではじめて「社会学部」がつくられたこの大学での、リースマン教授のゼミの年間の研究主題は「人づきあい」（sociability）の研究。そこでは、とにかく経験的に見聞する雑多な事実だけをとりあげてつぎつぎにたのしく刺激的な議論がつづいた。たとえばデパートでの店員とお客の会話、高校生の卒業ダンス・パーティ、バーでの労働者のケンカ、保険会社のセールス……なんでもが討論の材料になった。「社会学」というのはこんなにたのしいものか、とわたしは心をうばわれた。それがわたしにとってのこの学問への原点であった。

ところが、日本に帰国して体験した「社会学」というものは、まことに心外なものであった。誘われるままに「日本社会学会」という学会の年次総会に二回か三回、参加してみたが、ちっともおもしろくなかった。いまは知らず、そのころ大学人を主体とするこの学会で発表されていたのはおおむね外国の学者の書物を紹介したり解釈したり、という蕃書調所の延長のようなもので、とうていわたしの性に合うものではなかった。したがってわたしはこの学会の会員になることはなかった。

そのわたしが、こともあろうに「社会学」担当の教授としてあちこちの大学に勤務してしまったのである。率直にいって、いささか当惑する経験であった。だから大教室での講義では毎年、テーマをかえて、技術論、都市論、文学論、などおよそ「社会学」とは無縁のような話題をとりあげてきた。その講義を文字にした著書も『東京の社会学』『習俗の社会学』『余暇の社会学』など、ことごとく「の」のついた個別的な表題のものばかり。ゼミでは学生たちにあちこちの村に二週間住み込んで、七十歳以上の年寄りのはなしをきいてそれぞれの「伝記」を綴ることだけを課題とした。あの本を読みなさいといった読書指導はいっさいしなかった。これもまた、ふつうの講壇「社会学」を逸脱したことであったとおもう。

そんななか一九七〇年に「学園紛争」が発生し、わたしはおもうところあって、京都大学を辞職して「無職」になった。その後しばらく文筆業者として生計をたてることにしたのだが、ものを書くと「肩書き」をもとめられる。「評論家」と書かれたこともあったが、結局

「社会学者」のほうがスワリがいい、というので自他共にそう名乗ることにした。いいかげん、といえばまことにいいかげんなはなしである。

そんなふうにしてわたしの半世紀有余の人生がすぎた。気がついてみたらことしは八十八歳、世にいう「米寿」である。本人は気がつかないまま、まわりが「米寿の祝い」などをしてくださるのでびっくりした。かつて貝原益軒が八十五歳で『大疑録《たいぎろく》』という朱子学批判の著作をのこしていたことを知って以来、学問と年齢などというものは関係ない、と信じて生きてきたから、そんなことはどうでもいい。

だが、このへんで「の」つきの書物ではなく、わたしにとっての簡易な「社会学」をまとめておきたい、とおもうようになった。そんな事情でこの書物ができあがった。中公新書とのおつきあいは創刊以来ながく、これで新書十三冊めである。編集部にはあいかわらずのお世話になった。とりわけ担当の小野一雄さんは、ややもすればクドくなりがちなわたしの文章に適切な助言を惜しまれなかった。うれしいことである。

二〇一八年四月

加藤秀俊

加藤秀俊（かとう・ひでとし）

1930年（昭和5年），東京都に生まれる．東京商科大学（現一橋大学）卒業．シカゴ大学大学院修了．京都大学人文科学研究所助手，京都大学教育学部助教授，学習院大学教授，国際交流基金日本語国際センター所長，日本育英会会長などを歴任．社会学博士．著書に『加藤秀俊著作集』（全12巻，中央公論社），『整理学』『人間関係』『取材学』（以上，中公新書），『独学のすすめ』（ちくま文庫），『隠居学』（講談社文庫），『メディアの展開』（中央公論新社），『加藤秀俊社会学選集』（全2巻，人文書院）など．

「加藤秀俊データベース」

URL　http://katodb.la.coocan.jp/

社会学《しゃかいがく》
中公新書 *2484*

2018年4月25日発行

著　者　加藤秀俊
発行者　大橋善光

本文印刷　三晃印刷
カバー印刷　大熊整美堂
製　　本　小泉製本

発行所　中央公論新社
〒100-8152
東京都千代田区大手町 1-7-1
電話　販売 03-5299-1730
　　　編集 03-5299-1830
URL http://www.chuko.co.jp/

Published by CHUOKORON-SHINSHA, INC.
Printed in Japan　ISBN978-4-12-102484-8 C1236

中公新書刊行のことば

一九六二年一一月

　いまからちょうど五世紀まえ、グーテンベルクが近代印刷術を発明したとき、書物の大量生産は潜在的可能性を獲得し、いまからちょうど一世紀まえ、世界のおもな文明国で義務教育制度が採用されたとき、書物の大量需要の潜在性が形成された。この二つの潜在性がはげしく現実化したのが現代である。

　いまや、書物によって視野を拡大し、変りゆく世界に豊かに対応しようとする強い要求を私たちは抑えることができない。この要求にこたえる義務を、今日の書物は背負っている。だが、その義務は、たんに専門的知識の通俗化をはかることによって果たされるものでもなく、通俗的好奇心にうったえて、いたずらに発行部数の巨大さを誇ることによって果たされるものでもない。現代を真摯に生きようとする読者に、真に知るに価いする知識だけを選びだして提供すること、これが中公新書の最大の目標である。

　私たちは、知識として錯覚しているものによってしばしば動かされ、裏切られる。私たちは、作為によってあたえられた知識のうえに生きることがあまりに多く、ゆるぎない事実を通して思索することがあまりにすくない。中公新書が、その一貫した特色として自らに課すものは、この事実のみの持つ無条件の説得力を発揮させることである。現代にあらたな意味を投げかけるべく待機している過去の歴史的事実もまた、中公新書によって数多く発掘されるであろう。

　中公新書は、現代を自らの眼で見つめようとする、逞しい知的な読者の活力となることを欲している。

中公新書

哲学・思想

宗教・倫理

言語・文学・エッセイ

433 日本語の個性 外山滋比古
533 日本の方言地図 徳川宗賢編
500 漢字百話 白川 静
2213 漢字再入門 阿辻哲次
1755 部首のはなし 阿辻哲次
2430 謎の漢字 笹原宏之
2341 常用漢字の歴史 今野真二
2363 外国語を学ぶための言語学の考え方 黒田龍之助
1880 近くて遠い中国語 阿辻哲次
742 ハングルの世界 金 両基
1833 ラテン語の世界 小林 標
1971 英語の歴史 寺澤 盾
2407 英単語の世界 寺澤 盾
1533 英語達人列伝 斎藤兆史
1701 英語達人塾 斎藤兆史
2086 英語の質問箱 里中哲彦
2165 英文法の魅力 里中哲彦
2231 英文法の楽園 里中哲彦
1448 「超」フランス語入門 西永良成
352 日本の名作 小田切 進
212 日本文学史 奥野健男
2285 日本ミステリー小説史 堀 啓子
2427 日本ノンフィクション史 武田 徹
563 幼い子の文学 瀬田貞二
2156 源氏物語の結婚 工藤重矩
1787 平家物語 板坂耀子
1798 ギリシア神話 西村賀子
1254 ケルト神話と中世騎士物語 田中仁彦
2382 シェイクスピア 河合祥一郎
2242 オスカー・ワイルド 宮崎かすみ
275 マザー・グースの唄 平野敬一
2404 ラテンアメリカ文学入門 寺尾隆吉
1790 批評理論入門 廣野由美子
2226 悪の引用句辞典 鹿島 茂

220 詩経　白川　静

中公新書

社会・生活

中公新書

知的戦略・情報

n1

地域・文化・紀行

t 1

285 日本人と日本文化 司馬遼太郎 ドナルド・キーン
605 絵巻物に見る日本庶民生活誌 宮本常一
201 照葉樹林文化 上山春平編
1921 照葉樹林文化とは何か 佐々木高明
299 日本の憑きもの 吉田禎吾
799 沖縄の歴史と文化 外間守善
2298 四国遍路 森 正人
2151 国土と日本人 大石久和
1810 日本の庭園 進士五十八
1909 ル・コルビュジエを見る 越後島研一
246 マグレブ紀行 川田順造
1009 トルコのもう一つの顔 小島剛一
2169 ブルーノ・タウト 田中辰明
2032 ハプスブルク三都物語 河野純一
1624 フランス三昧 篠沢秀夫
2183 アイルランド紀行 栩木伸明
1670 ドイツ 町から町へ 池内 紀
1742 ひとり旅は楽し 池内 紀
2023 東京ひとり散歩 池内 紀
2118 今夜もひとり居酒屋 池内 紀
2234 きまぐれ歴史散歩 池内 紀
2326 旅の流儀 玉村豊男
2331 カラー版 廃線紀行―もうひとつの鉄道旅 梯 久美子
2290 酒場詩人の流儀 吉田 類
2472 酒は人の上に人を造らず 吉田 類

地域・文化・紀行

t2